生命之书 / 01

你可以不生气

情绪管理的智慧

一行禅师（Thich Nhat Hanh）著

游欣慈 译

海南出版社
HAINAN PUBLISHING HOUSE

This edition published by arrangement with Riverhead Books, a member of Penguin Group (USA) Inc.

本书由 Riverhead Books 授权出版

版权合同登记号：图字：30-2021-061 号

图书在版编目（CIP）数据

你可以不生气 /（法）一行禅师著；游欣慈译 .—海口：海南出版社，2011. 10 (2025. 11 重印).
书名原文：Anger:Wisdom for Cooling the Flames
ISBN 978-7-5443-4007-6

Ⅰ. ①你… Ⅱ. ①一…②游… Ⅲ. ①禅宗—人生哲学—通俗读物Ⅳ. ① B946.5-49

中国版本图书馆 CIP 数据核字（2011）第 188084 号

你可以不生气

NI KEYI BU SHENGQI

作　　者：［法国］一行禅师
译　　者：游欣慈
责任编辑：柯祥河　张　雪
装帧设计：尚上文化
责任印制：郄亚喃
印刷装订：三河市祥达印刷包装有限公司
读者服务：张西贝佳
出版发行：海南出版社
总社地址：海口市金盘开发区建设三横路 2 号 邮编：570216
北京地址：北京市朝阳区黄厂路 3 号院 7 号楼 101 室
电　　话：0898-66812392　010-87336670
电子邮箱：hnbook@263.net
经　　销：全国新华书店
出版日期：2011 年 10 月第 1 版　2025 年 11 月第 21 次印刷
开　　本：787mm × 1092mm　1/16
印　　张：15.5
字　　数：180 千
书　　号：ISBN 978-7-5443-4007-6
定　　价：42.00 元

目　录

愤怒、挫折与绝望的情绪与我们的身体、食物息息相关。我们不仅以食物滋养愤怒，也透过眼睛、耳朵与意识所接收的信息滋养它。文化产品的消费也与愤怒息息相关。

以柔软的心拥抱愤怒，因为愤怒不是你的敌人，而是你的孩子。就如同你的胃与肺，每当它们出了问题，你不会想丢掉它们。

目　录

你有责任告诉对方你在生气。当快乐时，你与他分享喜悦；当痛苦时，也要将痛苦告诉对方。即使你认为痛苦是因他而起，也必须信守承诺，冷静地告诉他。使用真爱

慈悲倾听的目的，不是要分析或验证所发生的事，而是希望对方的心能获得解脱，有机会说出心里的话，感受到终于有人真正了解他。

《心经》与智慧有关，你的“心语”也是如此，它以智慧提醒你，你并不是分离、独立的个体，也提醒你爱的智慧。

目 录

人类不是我们的敌人，我们的敌人也不应该是另外一个人，而是自己与别人内心的暴力、无知与不公正。很多年轻人会犯罪，是因为不知暴力会带给别人多少痛苦。每次当他们采取某种暴力行为时，也伤害了自己与其他人。

他有很重的习气，喜欢把自己的不幸怪罪给别人，不知如何与父母、兄弟姊妹或朋友沟通，却使他们非常痛苦，即使他并非故意要让他们不快乐。

正念就像烹煮愤怒马铃薯的炉火，刚开始的几分钟，它会温柔地觉察与拥抱愤怒，效果开始慢慢出现，你的心会稍微获得解脱。

你躺下来时，开始练习专注呼吸，慢慢地聚集正念的能量。从头部开始，以正念的爱的光束逐一扫描全身，直到脚底，这正是你向身体表达关怀、爱与专注的最佳方式。

正念的修行是觉察、拥抱愤怒的修行，帮助你打开心中那扇地狱的门，并转化它，以拯救自己与其他陷在其中的人，让你们重回净土、天堂。

出版前言

心的转化与疗愈

当愤怒生起时，表示我们的感情已受到伤害。我们必须清楚的是，愤怒就是我们自己。把愤怒当作自己的孩子，好好地拥抱、照顾，受伤的孩子很快就可以康复了。

“坐下来，沏一杯茶，好好地读上几页，你的心马上就会静下来。”

《你可以不生气》是一行禅师写给现代人的情绪管理著作。此书在美国出版时，正巧碰到 2001 年纽约发生“9・11 事件”，也就是美国社会生气到极点的时刻。

深入去看，“9・11 事件”是极端分子“生气”的果，然而它又种下了美国社会“生气”的因。如果我们不能中止这因果循环，人类将永远在愤怒的“加害者”与“受害者”两种角色中不断轮回。

《你可以不生气》一书传递出一个重要的信息：我们不要

做愤怒的奴隶，而应该学做愤怒的母亲。“放纵”愤怒固然不对，“谴责”愤怒也一样无济于事。当愤怒生起时，表示我们的感情已受到伤害。我们必须清楚的是，愤怒就是我们自己。一行禅师提醒我们，把愤怒当作自己的孩子，好好地拥抱、照顾，受伤的孩子很快就可以康复了。美国社会乃至全人类都需要这样的智慧。

一行禅师在欧美及世界的影响力，正与日俱增。2001 年，《你可以不生气》在美国上市一周就已卖出 10 万本。2002 年，韩文版 3 个月内再版了 12 次，累计销售 100 万册，成为韩国心灵类读物中的超级畅销书以及韩国文化界的热门话题。

生气的破坏力

“生气”是人类感情世界中最具破坏力的元素，是阻碍人类文明的一大因素，也是埋藏在人类心中的根本三毒之一。恐怖主义的兴起源于此，对恐怖主义采取报复的想法也是源于此，它是战争的祸首。许多人都知道要用慈悲心去消解伤痛，用大爱和宽容化解仇恨，但是没那么容易做到。

1966 年，一行禅师在美国呼吁停止越战，当他发言时，有一名青年对他喊道：“你最好是回到你的祖国去，并且去打败外来的美国入侵者。你不应该在此，你在这儿一点用也没有。”一行禅师回应他说：“先生，在我看来，很多战争的根源都来自这个国家，那是我来这里的原因。其中一个根源来自你们看待世界的方式，你们认为武力可以解决问题。这是一个错误，武力会使得双方都有很大的牺牲。我不要越南人死亡，也不要美国大兵死亡。”

化解怒火的方法

一行禅师在本书中讲到化解怒火的方法有很多，归纳起来，主要有三种：一是“谛听”。如果不能聆听别人的心声，怎么可能了解别人心中的痛苦？又如何能化解他心中的仇恨？二是“深观”。如果不能深观，如何能了知自己生气的因，又如何能觉察到自己心中正在生起的那股无名火？三是“正念”。念念分明地观照呼吸，了知怒火对生理和心理产生的作用。念念分明地觉知它、与它合一，怒火便会很自然地熄灭。

所谓“念念分明”即是专注于当下，在当下保持觉知。在一行禅师的禅法中，“念念分明”可以说是整个禅修过程的总枢纽。“念念分明”的训练，可在日常生活中从两方面下手：一是“观呼吸”，一是“饮食禅”。人一生下来就在呼吸，所以在呼吸上保持觉知，就是把“念念分明”的功夫完全融入生活。饮食也是训练“念念分明”的契机。在本书中，一行禅师一开始就指出饮食消费与愤怒之间的关系，他说："你吃什么，你就是什么。"这真是发人深省。如果能够在饮食中保持念念分明，事实上，吃一顿饭或喝一壶茶，其禅修的效果与在禅堂坐一支香，根本没有两样。从拥抱愤怒、认识愤怒到转化愤怒，所依靠的就是这念念分明的功夫。

转化的艺术

通常我们处理负面的情绪都是采取抗拒或是逃避的方式，对于生气、恐惧乃至于失恋或是病痛，莫不是如此。但是抗拒只会带来更大的创伤和痛苦，而逃避也无法真正解决问题，终究还是要面对。一行禅师采取的方式是一种"转化"的艺术，把内心负面的能量转化成正面的能量。然而"转化"必须透过禅修的实证和体会，才有能力在面对困境时泰然处之。

一行禅师以"观呼吸"和"四念处"的法义，要我们在日常生活中运用，随时注意自己的呼吸，保持身心一如，念念分明地做手中所有的事。所有负面情绪的转化，还是要透过"观呼吸"和"四念处"的操作才能收效。

相即相依

一行禅师因为在越南战争时倡议和平运动，战争结束后被放逐，无法回到祖国越南。他在法国建立了“梅村”道场，每周都会接到几百封来自各国越南难民营的信，这些船上的难民有一半死于海上，很多少女被海盗强暴，阅读这些信件很痛苦。有一天，他接到一封信，叙述一名12岁的少女在一艘小船上被泰国海盗强暴，羞愤莫名而跳海自尽。

一行禅师说，第一次听到这样的事一定是对海盗的行为感到非常愤怒。站在少女这一边很容易，拿把枪把海盗干掉就是了，但是站在海盗这边并不容易。经过深观将会发觉，如果我们也是诞生在海盗的村庄，以同样的方式被养大，我们是不是也会成为一个海盗？每天有成百的婴儿诞生在暹罗湾岸边，如果政治家、教育家都不做什么，二十年后会有多少人变成海盗呢？因此对于强暴的事，每个人都有一点责任。人都是互相依存的，这也是一行禅师经常强调所谓“相即相依”的道理。

生命的绽放

一行禅师在书中教导我们如何熄灭怒火，他以许多实际的例子，告诉我们如何学习谛听、深观，并透过正念转化我们的习气。当怒火熄灭，烦恼就息止。其中他以法国政府致力于照顾有暴力倾向的年轻人为例，深刻谈到政府官员应深观内在情绪的根源，非常值得当今时代的人自省。

一行禅师的书关注人类心灵的苦难和疗愈，他用诗化的语言表达出深刻的生活体验。透过这些文字，我们可以将愤怒的起因看得清楚，进而转化愤怒、疗愈心灵。正如著名作家梁文道先生所言，他的文字如果抛开浸染着的佛教气息，就像一首生命绽放的诗。

编者按：为了更好地阅读，在编辑的过程中，对专有名词以浅显的语言进行注释，如有不当之处，望读者指正。

译者序

我们为什么会生气

我们如何将生气的怒火转化成慈悲的甘泉，如何以更有智慧的方式来对待别人，来面对人生的挫折与痛苦？

和这本书结下的因缘，是从去年的冬天开始的。那时在美国任教的我，突然接到一通父亲打来的电话，他问我愿不愿意翻译一行禅师《你可以不生气》这本书。父亲说，这本书在“9·11事件”之后，引起了很大的反响。那时的美国，正弥漫着一股对中东国家的敌意，电视新闻不时报道着布什总统向恐怖主义宣战的口号。这些充满仇恨的情绪，让整个美国社会充满了不安。那时听到父亲说有这么一本关于化解愤怒的书，心里非常欣喜。当天晚上我就开车到书店把这本书买了回来。

原本以为这是一本写给佛教徒看的书，没想到书中的文字都是那么的浅显，例子也都很贴近我们的生活。的确，学习如何化解愤怒，应该是无关宗教的。虽然每个人都知道生气很难受，但我们总是忍不住会生气，会责怪别人，久而久之，我们生气的习气就养成了。一行禅师在这本书中，让我们了解到自己为什么生气，别人为什么生气。更重要的是，当愤怒生起时，我们如何不去压抑它，反而能面对它，认识它，然后转化它。其实，我们之所以生气，常常是因为我们在乎。因为我们很在乎令我们生气的那个人、那件事，我们很自然地会把自己的价值判断放到这些人、事上。结果事情一不顺心，我们就生气了。此时，我们的在乎反而变成另外一个人的负担，变成完成一件事情的阻力。因此，这本书要教导我们如何将生气的怒火转化成慈悲的甘泉，如何以更有智慧的方式来对待别人，来面对人生的挫折与痛苦。

当我着手翻译这本书之后，因为深怕自己的悟性不够，翻译的文字无法表达出原书的精髓，曾经几度停下。幸亏有好友诗庭一字一句地为我校对，提供给我她学佛的心得，这本书才能顺利地完成。此外，我还要感谢家人在我离乡时给我的爱与支持。因为他们，我才能如此无忧地完成这本书，他们一直是我最大的精神支柱。最后这本书能如期付梓，还要感谢出版社的支持和香光寺师父们的校对。没有这些因缘聚合，一切都只是虚空。谢谢你们！

游欣慈

2002 年冬于台北

引　言

快乐的修炼

只要愤怒、绝望、嫉妒与妄想还存在心中，我们想要追求快乐，便犹如缘木求鱼。

快乐，就是减少痛苦

对我而言，“快乐”就是减少痛苦。如果我们无法转化内在的痛苦，就不可能获得快乐。

很多人向外寻求快乐，但真正的快乐一定是来自内心。我们的文化总是告知我们，快乐来自拥有许多金钱、权势或社会地位，但是如果仔细观察，就会发现许多有钱有势的人并不快乐，有些人甚至走上自杀一途。

反观佛陀与弟子们，除了三衣一钵，别无所有，但是都很快乐，因为他们拥有最珍贵的东西——自由。

佛陀教导我们，快乐最基本的条件是“自由”。这种自由并非政治上的自由，而是一种避免内心负面心行[1]的自由。这些负面心行包括愤怒、绝望、嫉妒与妄想，佛陀称之为“毒”。只要这些“毒”还存在心中，我们想要追求快乐，便犹如缘木求鱼。

无论基督徒、佛教徒、印度教徒或犹太教徒，都需要学习如何避免愤怒所带来的痛苦。我们无法请求佛陀、基督、上帝来替自己消除愤怒。但有些具体方法，可以帮助我们转化内心的贪、嗔、痴。如果我们按照这些方法好好地照顾痛苦，就能帮助身边其他的人。

为了更好，改变吧！

例如有对父子彼此不满对方，因完全无法沟通而深受其苦。他们都不想困在愤怒的情绪里，却不知该如何化解。

好的教导能让我们实际应用于生活中，转化内心的痛苦。当生气时，所受的痛苦就如同被地狱之火焚烧；当绝望或嫉妒时，便如同身陷地狱之中。这时，就必须请教有智慧的朋友，要如何做才能转化愤怒与绝望。

---

① 即心所，存在于识中的“行”，指的是与心相应而起的各种心理作用。“行”，即“形成”或“有为”的意思，指的是因缘和合时所显现的事物。比如愤怒，就是一种心行。

慈悲[1]地倾听，能化解别人的痛苦

当他人的语气总是充满愤怒，那是因为他的内心正满怀愤恨而饱受痛苦，所以老想把自己的问题怪罪于他人。因此，我们难免会觉得听他说话是件很不愉快的事，而想躲避他。

要真正了解与转化愤怒，我们必须学习慈悲地倾听与说爱语。有位菩萨[2]是个觉悟者，能以慈悲心（相当于同情心）深深地倾听众生[3]的痛苦，人们称他为“观音”或“阿缚卢枳低湿伐罗”（Avalokiteshvara），即大慈大悲的菩萨。我们应该像观音菩萨般谛听（专注倾听），只有这样才能给予想重建沟通之道的人一些切实的指导。

虽然慈悲倾听可以帮助他人减轻痛苦，但除非你先以谛听的艺术自我训练，否则即使满怀善意，依旧难以达成。**如果你可以静静地坐下来，以慈悲心倾听，只要一小时，就能帮助对方减轻许多痛苦。倾听唯一的目的，就是让对方尽情地抒发内**

---

① “慈”梵文 maitri，译为“爱”或“仁慈”，佛教的本意为“友谊”，即给人快乐、喜悦的愿望与能力；“悲”，英译为“compassion”（同情），即解救、转化苦与减轻悲痛的愿望和能力。慈悲心，是希望所有众生离苦得乐，相当于“同情心”。

② 译为“觉有情”。菩萨既是已经“觉悟的众生”，又是以觉悟他人为己任的有情。

③ 佛教中指有生命的东西，有时专指人和动物。一般指具无明烦恼，流转生死之迷界凡夫。

心的痛苦，且要以慈悲心倾听。

当你倾听时，必须非常专注，全心全意地倾听，把整个自己——眼睛、耳朵、身体与心完全投入。如果你只是假装在听，或未以百分之百的心倾听，对方一定会有所感觉，而无法释放痛苦。如果你知道保持专注呼吸，并能持续地将念头专注在想帮助对方解除痛苦上，倾听时自然就能保持慈悲心。

慈悲地倾听是非常深妙的修行。倾听时没有评价与责怪，你只是为了让对方减轻痛苦，对方可能是我们的父母、儿女或伴侣。学习倾听，确实可以帮助他人转化愤怒与痛苦。

即将引爆的炸弹

我认识一位住在北美洲的天主教女士，她因与先生关系恶化而痛苦不堪。这是个高学历的家庭，尽管夫妻双方都拥有博士学位，但先生一样痛苦万分。长期以来，他与妻子、儿女都处在冷战当中，完全无法与家人沟通。全家人都在躲避他，因为他就像是颗随时可能引爆的炸弹。他是如此愤怒，以致无人想靠近，但他却认为家人都鄙视他。事实上，他们并未轻视他，只是非常恐惧而已。因为他暴躁、易怒，接近他变成是件很危险的事。

有一天，妻子受不了了，觉得自己再也无法如此生活下去，她想自杀。但在自杀前，她打电话给一位学佛的朋友，告诉朋友她正准备自杀。这位朋友曾多次邀她一起禅修以减轻痛苦，但是她都以自己身为天主教徒不该修行佛法为由而拒绝。

那天下午，当这位佛教徒朋友知道她正准备自杀，就在电话那端对她说："你口口声声说是我的朋友，可是现在你就要去死了，我唯一的请求也不过是请你听听我师父说过的话，你却拒绝我。如果你真是我的朋友，请你现在就搭出租车来听录音带，然后你就可以死了。"

这位女士到达后，朋友让她独自在客厅，听一段有关如何"重开沟通之门"的录音。在那 1 ~ 15 小时里，她内心经历了一番深刻的转化，看清了许多事，了解到其实必须为自己的痛苦负起一部分责任，而且丈夫也因她受了许多苦。她发现自己完全无法帮助他，事实上，她对丈夫的躲避，反而一天天地加深了他的痛苦。她从录音带的开示中领悟到，如果要帮助他人，就必须慈悲地倾听对方，而这正是过去 5 年来她一直无法做到的。

拆除炸弹

听完开示之后，她有了很深的感悟，决定立刻回家练习谛听以帮助丈夫。但是那位学佛的朋友却告诉她："不行！我的朋友，你不应该今天就去做这件事。慈悲地倾听是个非常深奥的教法，为了能像菩萨一样地倾听，你至少应该先花一两个星期来练习。”朋友便邀她参加禅修，以学习更多谛听的智慧。

那次禅修营为期 6 天，大约有 450 人参加，大家一起吃饭、睡觉与修习。在那段时间里，我们练习念念分明地呼吸——觉知吸气、吐气，以达身心一如（身心一体）的境界；我们也练习念念分明地走路，将自己百分之百地投入到每个步伐当中。练习念念分明地呼吸、走路与坐下，以观照①与拥抱内心的痛苦。

参加禅修营的人不仅要聆听教导，还要学习倾听的艺术与使用“爱语”。每个人都试着学习谛听，以了解别人的痛苦。这位女士学得非常起劲与用心，对她而言，这关系到她的生死大事。

禅修营结束后回家，她内心非常平静且充满慈悲，真的很想帮助丈夫移除内心的炸弹。配合呼吸的节奏，她步履从容、心情平静，并滋养着慈悲心。她走路时保持正念②，连丈夫都注意到她的改变。最后，她走近丈夫，安静地坐在他身旁，这是她 5 年来从未做过的事。

---

① 指以智慧静观世界而照见事理。

② “正”意为“正确的”“正直”“端正的”，指不弯曲歪斜；“念”，上面是“今”，表示“现在”，下面是“心”，表示“心灵”，意即“忆念”，就是记得要回到当下。正念就是完全地活在当下，觉知自身内在和周边发生的事物。

引　言

快乐的修炼

她沉默许久，大概有 10 分钟吧！然后把手轻轻地放在他手上说：“亲爱的，我知道这 5 年来你的内心饱受折磨，我很抱歉！我知道，对你的痛苦我必须负很大的责任，因为我不但未帮助你减轻痛苦，反而把情况弄得更糟。我犯了很多错误，使你更加痛苦，我真的很抱歉！希望你给我机会重新开始。我一直很想让你快乐，但不知如何做，所以才会使我们的日子一天比一天难过，我不想再这样下去了。所以，亲爱的，为了更了解你、更加爱你，请帮助我。请告诉我，你心里在想什么。我知道你很痛苦，我必须了解你的痛苦，才不会一错再错。没有你，我无法做到，我需要你的帮助，才不会继续伤害你。我只想好好地爱你！”当她如此说出这些话时，他像小男孩般地哭了。

过去曾有段时间，妻子脾气非常暴躁，经常对人大呼小叫，言词充满愤怒、讽刺、责备与批评，因此，彼此只有不断地争吵。她已经多年未用如此深情与温柔的方式对他说话了，当看到他流泪，她知道机会来了，多年以来，他一直深锁的心门，此时再度开启。她知道自己必须非常小心，所以持续念念分明地呼吸，并说：“亲爱的！请告诉我，你心里在想什么，我很想学习怎样做得更好，这样我就不会再犯同样的错误了。”

这位女士与丈夫同样是知识分子，也拥有博士学位，但他们都因不知如何慈悲地倾听对方而受苦。但是那一夜她真了不起，成功地做到慈悲地倾听。前后不过几小时，两人就和好如初了，那一夜是他们的心灵疗愈之夜。

正确的方法，正确的修行

如果你的修行是正确的、良好的，无须花 5～10 年，只要几小时，就足以转化与疗愈内心。这位女士那夜做得非常成功，她让丈夫报名参加第二期禅修营。

第二期禅修营为期 6 天，在结束前，她丈夫也有很大的转变。在茶禅的活动中，他将她介绍给其他学员："各位亲爱的同修、朋友们，我要向你们介绍一位菩萨（心肠慈善的人），一个了不起的人——我的太太。过去 5 年中，我十分愚蠢而让她吃尽苦头。但她的修行改变了一切，拯救了我的生命。"接着，夫妻俩说出他们的故事和参加禅修的原因，以及如何在更深的层次上重燃旧爱。

当农民使用一种肥料不再起任何作用时，就必须换另一种肥料。同样的，经过几个月的修行后，还未带来任何的转化或心理的安慰，就必须重新检视自己的情况。为了转化自己与所爱的人的生活，我们必须改变修行的方法，做更多的练习，以找出正确的修行法门（方法、途径）。

只要接受、学习正确的方法与修行，每个人都可以转化自己的生活。如果你很认真地修行，像那位女士一样把修行当做生死大事，那么，就没有任何事是你无法改变的。

快乐是可能的

现在的时代充满各种复杂的沟通工具，信息可以非常迅速地传递到地球的另一端；但也是这样的时代，人与人之间，父子、夫妻、母女之间的沟通，变得困难重重。如果我们无法重建沟通管道，快乐将遥不可及。

在佛陀的教导中，清楚地说明如何学习慈悲倾听、说爱语与照顾愤怒。我们必须实践这个教导，专注地谛听，口说爱语，才能重新沟通，将快乐带入家庭、学校与小区。于是，我们就能帮助世上其他的人。

快乐心语

- 要真正了解与转化愤怒，我们必须学习慈悲地倾听与说爱语。

- 慈悲地倾听是非常深妙的修行，倾听时没有评价与责怪，你只是为了让对方减轻痛苦。

- 痛苦不是全部，我们还必须去认识和体验生命中的奇迹，它们就在我们心中、我们周围每个角落、每一分钟。

- 理解是爱的根源，理解就是爱本身。理解是爱的别名，爱是理解的别名。

- 我们可以通过充满慈悲心的谈话，帮助别人放弃盲从和狭隘。

- 倾听唯一的目的，就是让对方尽情地抒发内心的痛苦，且要以慈悲心倾听。

第一章

愤怒的产生

愤怒、挫折与绝望的情绪与我们的身体、食物息息相关。我们不仅以食物滋养愤怒，也透过眼睛、耳朵与意识所接收的信息滋养它。文化产品的消费也与愤怒息息相关。

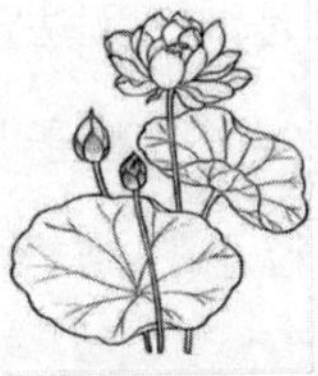

每个人都需要了解如何处理并照顾自己的愤怒，要做到这点，就必须先审视怒气产生的生化层面，因为愤怒根植于我们的身心。当分析愤怒时，可以先看看组成它的生理成分，必须仔细地观察我们在日常生活中如何吃、喝、消化，然后得知如何对待自己的身体。

愤怒不只是心理现象

在佛陀的教导中，我们了解到身心是无法分割的。身即是心，心即是身，身心相互联结，两者无法分开，因此，愤怒不仅仅只是心理现象。佛教将身与心的结合称为“名色”(namarupa)①，“名色”就是“身心一如”（psychesoma），代表身心是一体的。实相有时以心呈现，有时则以身呈现。

当科学家深入探讨基本粒子的本质时，发现它们有时以波

① 名色（namarupa）即身心，五蕴的同义词。“色”为色蕴，“名”为受、想、行、识四蕴。

（wave）的形式呈现，有时则是以粒子（particle）的形式呈现。波与粒子不同，波只是波，无法成为粒子；粒子也只是粒子，不能成为波。但是事实上，粒子与波是同一个东西，科学家们索性将“波”与“粒子”结合成一个字，称为“wavicle”①。

身与心也是如此。二元论的看法告诉我们心不是身，身也不是心，但当我们更深入地观察时发现，其实身就是心，心就是身。如果能破除这种身心截然分离的二元论，我们就非常接近真理了。

很多人渐渐地了解到，影响生理的事物也会影响心理，反之亦然。现代医学也意识到，身体的疾病可能肇因于心理疾病，而心理疾病也可能与生理疾病息息相关。**身心并非两个截然不同的实体，而是一体的。如果我们要驾驭愤怒，就必须先好好地照顾身体，我们饮食与消费的方式都很重要。**

所吃的食物是什么，我们就是什么

愤怒、挫折与绝望的情绪与我们的身体、食物息息相关，

① 电子于1897年第一次被发现，科学家发现，电子具有“波粒二重性”（wave-particle duality）。在过去对物理特性的研究中，波和粒子，是两种完全不同的东西，具有完全不同的属性；是波就不是粒子，是粒子就不是波。但是，现在科学家发现电子同时具有波和粒子的性质。有些物理学家因而创了wavicle这个名词来说明这个现象。

第一章
愤怒的产生

我们一定要想出适当的饮食与消费方式，帮助自己免受愤怒与暴力的伤害。“吃”是文明发展的一部分，我们种菜的方式、饮食的内容与方式，都与社会未来的发展密不可分。因为我们所做的选择，将能为众生带来和平并减轻痛苦。

食物在我们的愤怒中扮演着关键性的角色，它们之中可能就蕴藏着愤怒。当吃了罹患疯牛病的动物的肉，愤怒就蕴藏在肉里。我们还必须检视其他食物，当吃了一个蛋或一只鸡，在蛋或鸡肉里可能也蕴藏着许多愤怒。我们把这些愤怒吃进肚子里，很自然地也会把它表现出来。

我们现在所吃的鸡大都饲养在大型养鸡场中，它们完全无法走动、奔跑或在地上觅食。所有的鸡都由人喂食，且被关在小小的笼子中无法动弹，日夜都必须站着。试着想象自己没有任何行走或奔跑的自由，还必须日夜站在同一个地方，你一定会疯掉。同样，这些鸡也会疯掉。

为了让鸡生下更多的蛋，鸡农便以人工的方式控制日夜的循环。他们以室内光源缩短日夜循环的周期，让鸡误以为24小时已经过去，因而产下更多的蛋。这些鸡的内心充满愤怒、挫折与痛苦，只好以攻击身边的鸡作为发泄。它们用嘴相互啄食、攻击，导致彼此流血、饱受折磨，甚至死亡。于是现在鸡农都将鸡嘴切除，以避免它们相互攻击。

因此，当吃了这样的鸡或它所生的蛋，你就吃下了愤怒与挫折。**所以要觉察，小心自己吃了什么。如果你吃进绝望，就会表现绝望；如果吃进挫折，就会表现挫折。**

我们必须吃快乐的鸡所生的蛋，不要喝生气的牛生产的牛奶。我们应该喝有机牛奶，因为它们来自以自然方式饲养的牛。我们应该用些心力支持农民以人道的方式饲养动物，并购买有机蔬菜。虽然它们通常比一般蔬菜昂贵，但可以少吃一点，我们都应该学习少吃一点。

以其他的感官“吃进”愤怒

我们不仅以食物滋养愤怒，也透过眼睛、耳朵与意识所接收的信息滋养它。文化产品的消费也与愤怒息息相关。因此，制定一个好的消费策略是很重要的。

我们在媒体上所接收的信息也可能有毒，它们可能包含愤怒与挫折。一部电影就如同一块牛排，可能潜藏着某种愤怒，如果你接受它，就如同吃下愤怒与挫折。报纸上的文章，甚至人与人之间的对话，也都可能蕴藏着愤怒。

有时你可能会感到寂寞，想找个人说话。如果你找朋友聊了一小时，对方所说的话就可能带来很多毒素，你因此而接收许多愤怒，之后就会把它表现出来，所以正确消费非常重要。想想看，当你听到一则新闻、读了一篇报道，或与某人讨论某件事，你是否就像糊里糊涂地乱吃东西一样，吃进了许多毒素呢？

吃得好，吃得少

有些人会借吃东西来暂时忘记悲伤与忧郁，殊不知过量的饮食会引起消化系统的负担，进而产生愤怒。如果你不知如何处理这种负面的能量，它就会转化成愤怒、性与暴力的能量。

当食物质量很好时，就可以少吃一点，身体其实只需要平时所吃的一半分量。为了提高吃的质量，吞进食物之前，应该在嘴中咀嚼 50 次。当我们慢慢地吃，将口中的食物变成液态时，就可以使肠道吸收更多养分。所以，如果我们好好地吃、细细地咀嚼，就可以比因暴饮暴食而未好好消化时，吸收到更多养分。

“吃”是种很深奥的修行。当进食时，细细地品尝每口食物，充分地觉察它，觉察自己正在吃东西。我们可以练习专注地进食，清楚地觉知自己正在咀嚼，小心地、慢慢地咀嚼，内心充满喜悦。有时可以停止咀嚼，而与身边的朋友、家人、僧团[①]——所有的同修一起，感谢我们能坐在这里慢慢地咀嚼食

① 指信受佛法、修行佛道的团体，也称僧伽。

物，什么都不必担心，这是多么美好的一件事！当我们如此专注地进食，便不会把愤怒、焦虑或未来的计划吃进去。相反的，品尝的是别人精心准备的食物，是多么令人愉悦啊！

当嘴中的食物咀嚼到几乎成为液体时，你会更清楚地感受到味道也变得非常可口。今天你就可以试试慢慢地咀嚼食物，当开始练习时，要清楚觉察嘴巴的每个动作。你会发现今天的食物变得非常美味，即使它可能只是片完全未涂奶油或果酱的面包，但它真的很好吃！接下来，你可能会喝一些牛奶。我从来不直接饮用牛奶，而是将它倒入嘴中和面包一起咀嚼，持续专注地咀嚼。你可能不知道光咀嚼牛奶与面包就非常可口。

当嘴中的食物成为液体时，会与唾液混合，这表示它已经被消化一半了。等它到了肠胃，就变得非常容易消化，牛奶与面包中大部分的养分就可被身体吸收，你会在咀嚼的过程中获得许多快乐与自由。当你开始如此进食时，很自然地就会吃少一点。

当做饭时，小心你的眼睛，不要相信它们，因为它们会让你吃太多，其实你无须吃那么多。如果你知道如何念念分明并充满喜乐地吃，就会发现只需要吃平时的一半分量。试试看，吃些非常简单的食物，如小胡瓜、胡萝卜、面包与牛奶等，这可能成为你这辈子最好吃的一餐，这真的是很棒的体验！

我们在法国的梅村（Plum Village）禅修中心，已经试过以这种念念分明、细嚼慢咽的方式来进食。请试试看，它能让你的身体、心灵与意识都感到比以前好多了。

我们眼睛的胃口总是比胃还大，所以必须以正念的能量训练它们，才能知道身体真正需要的食量。在中文里，出家人的钵是可以用来适度称量的工具，它帮助我们不被眼睛欺骗。当钵盛满食物时，就知道已经足够，只要吃这么多。如果你能这样少吃东西，就可以少买一点，也就能负担得起昂贵的有机食品。我们可以从自身做起，或与家人一起做，它也能提供给想要种植有机食品的农夫们很多帮助，这岂不是一举数得。

正念第五学处

每个人都需要一种以爱与奉献为基础的、有智慧的饮食方式。正念五学处[①]就是帮助世界上每个人脱离苦痛的方法（全文见附录二）。而正念第五学处，就是要我们深入地观照我们消费的方式。

修持正念主要是练习如何念念分明[②]地消费与饮食，让个

---

① 即传统的“五戒”，又称正念的五种训练。一行禅师为便于读者理解“五戒”，以“正念五学处”来代替传统“五戒”一词，正念第一至第五学处分别是尊重生命（不杀生戒）、慷慨布施（不偷盗戒）、负责任的性行为（不邪淫戒）、谛听与说爱语（不妄语戒）、正念地消费与饮食（不饮酒戒）。

② 念念分明：即专注于当下，在当下保持觉知。在一行禅法中，念念分明是整个禅修过程的总枢纽。在本书中，相当于“正念”。

人与社会重获自由。我们已经了解由不正确的消费方式所带来的痛苦，而决定如此发愿：

> “……为了念念分明地饮食与消费，让我、家人与大众的身心获得健康，我在此发愿，只吃那些能让我的身体、意识与家人、大众的身心保有祥和、善意与快乐的食物。我绝不消费任何酒类或有毒的物质，也不碰触藏有毒素的食物与信息，例如电视节目、杂志、书籍、电影与谈话……”

如果你想好好地照顾愤怒、挫折与绝望，就要考虑依循正念来生活。如果念念分明地喝酒，就能发现它会制造痛苦，摄取酒精不但会带来身心的疾病，甚至将你带向死亡。酒的制造工艺也为世界带来许多痛苦，因为谷类的大量使用与世界的粮食不足息息相关。保持正念饮食，很自然地能带给我们自由开放的洞察力。

现在就与你所爱的人、家人讨论如何念念分明地消费吧！即使孩子还小，他们也能了解你的想法。你应该让他们加入大人们的讨论，可以一起决定要吃何种食物、观看何种电视节目、阅读何种书籍，以及交谈的内容，这些策略都是为了让你们能保护自己。

如果我们不在乎所消费的事物，就无法讨论愤怒与愤怒处理的方法，因为愤怒与消费的事物是分不开的。试着与你的朋友讨论正念消费的行动计划。在梅村，我们为了保护自己，绝不消费会滋养愤怒、挫折与恐惧的事物。要真正念念分明地消费，我们就必须定期讨论要吃什么、如何吃、如何少买一点，还有如何吃高质量的食物，包括真正的食物与其他感官所“吃进”的其他事物。

快乐心语

- 如果我们对自己的生活风格、消费方式、看问题的方法保持觉照[1]，那么我们将会懂得如何在活着的当下去创造平和。

- 如果能破除这种身心截然分离的二元论，我们就非常接近真理了。

- 倘若佛教与我们的日常生活毫无关系，那么禅修又有什么用呢。

① 即觉知照见。觉照力，是一种没有妄念的觉知力。

- 有时候我们不需要消费那么多，因为我们感到很孤独，所以消费本身会成为一种嗜好。

- 我们应当尽自己最大的努力来避免充斥于现代生活中的种种压力和焦虑，唯一的出路是少消费。一旦我们能够简单快乐地生活，就更能好好地帮助别人。

- 一旦我们学会品味宁静，我们的生命就将得到治疗和改造。这不是一个信仰的问题，而是一个实践的问题。

- 修持正念主要是练习如何念念分明地消费与饮食，让个人与社会重获自由。

- 如果你想好好地照顾愤怒、挫折与绝望，就要考虑依循正念来生活。

第二章

熄灭怒火

以柔软的心拥抱愤怒，因为愤怒不是你的敌人，而是你的孩子。就如同你的胃与肺，每当它们出了问题，你不会想丢掉它们。

抢救你的房子

如果有人做了让我们生气的事，我们就觉得很痛苦，往往想以同样的方式激怒对方，让他也同样受苦，如此自己便觉得安慰些。我们会想："你害我那么痛苦，我要惩罚你，给你一点苦头吃。只要看到你痛苦，我就会觉得好多了。"

许多人都相信这是幼稚的行为，但实际上，当你使对方痛苦时，他也会反击，好让自己舒坦些。结果双方的痛苦不断加深，谁都得不到好处。其实这时你们最需要的是慈悲与帮助，没有任何人应该得到惩罚。

当生气时，回到你的心，好好地照顾愤怒。如果有人让你痛苦，你就回到自己的痛苦，好好地照顾它。这时什么都不必说，什么都不要做，因为生气时的言语或行为，只会给彼此带来更多伤害。

大多数人都不会如此处理愤怒，因为他们不愿回到自己心中，只想抓住对方，好好地惩罚。

想想看，如果你家着火了，最首要的事是回家灭火，而非追纵火的嫌疑犯。如果只想去追打纵火嫌疑犯，房子很快就会烧光，这就太不明智了。这时真正该做的事是回去灭火。同样的，当你很生气时，如果还一直与对方争论，甚至想要惩罚他，你的表现就如同那个追纵火犯的人了。

熄火的工具

佛陀已经把熄灭怒火的工具传授给我们，那就是：念念分明地呼吸与走路、拥抱愤怒、深层地观照认识的本质，以及深入地看到对方深受其苦从而也需要帮助等不同方法，这些都是由佛陀直接传授且是非常实际的方法。

所谓念念分明地“吸气”，就是清楚觉知空气如何缓缓地进入体内；而念念分明地“呼气”，就是清楚觉知身体正将二氧化碳排出去。当念念分明地呼吸时，你会感觉自己与四周的空气、身体渐渐地联系在一起；因为注意力完全地放在呼吸上，你与你的心也紧密地结合在一起。**只要一次念念分明地呼吸，就可以将你、内在的自己与周遭的事物，重新联系在一起**。接着，再念念分明地呼吸三次，这种紧密的关系就可以维系下去。

第二章
熄灭怒火

不论何时，你不是站着、坐着或躺着，就是在走路。但是，你要走到哪里去呢？其实，你已经到达，只要跟随着步伐，就可以走在当下，走到净土①，走入天堂。当你从一个房间走到另一个房间，或从一栋大楼走到另一栋大楼时，试着感觉脚与大地的接触；当空气进入身体时，试着觉察身体与空气的接触。这能帮助你发现，在每吸一口气或吐一口气时，都能自在地走路。当吸气时说“吸”，当吐气时说“吐”，如此一来，随时随地都可以练习“行禅”②，这就是修行。你随时都如此做，因而有能力转化生活。

许多人喜欢阅读宗教书籍或践行某种仪式，但是他们都不太想真正地修行。其实无论属于哪一种宗教，只要我们愿意身体力行，愿意真正地修行，所学习到的教导都具有转化内心的能力。**修行可以将心中愤怒的火海，转化成清凉的湖泊。一旦我们内心得到转化，不只能停止受苦，也会成为身边的人快乐与幸福的泉源。**

我们生气时，看起来像什么？

当愤怒生起时，对着镜子看看自己，这时的你一点都不可

---

① 梵文 Ksetra，译为“刹、刹土”，即地方或世界。净土，即是清净的地方，没有染污的庄严世界。

② 就是以步行的姿势来作禅修，内心安住在步行动作之中，时时对动作保持清楚觉知。

爱，脸上的肌肉紧绷，你就像颗随时引爆的炸弹。你可以看看正在生气的人，当看见他全身紧绷时，你会害怕，因为他内心的炸弹好像随时都会引爆。所以，**在生气时，自己照照镜子，这会给你很大的帮助，它将成为敲醒你的正念之钟**。当看到自己生气的模样，你就会生起想要改变的动力，知道必须做些什么让自己看起来更漂亮一点。这时的你不需要任何化妆品，只须平和、冷静地呼吸，心存正念，保持微笑。如果你能如此练习一两次，就会愈来愈漂亮。你只需要面对镜子，冷静地吸气，微笑地吐气，立刻就会感到如释重负。

生气虽然是个心理现象，但与体内的生化元素息息相关。因此，生气会立刻使肌肉紧绷，但是一旦开始微笑，身体就会开始放松，怒气也会渐渐消散。微笑可使正念的能量从内心生起，帮助你接受愤怒。

你也可以试试随身带面镜子，偶尔看看自己正处于什么心境下。在念念分明地呼吸几次后，对镜子中的自己微笑一下，紧张就会消失，而觉得轻松多了。

用正念的阳光拥抱愤怒

愤怒就像是个大声哭闹的婴儿，痛苦而不断哭泣。所有的孩子都需要母亲的拥抱，而你就是你的孩子——愤怒的母亲。

第二章
熄灭怒火

当开始练习念念分明地呼吸时，你就聚集了母亲般抚慰、拥抱孩子的能量。然后，以这个能量好好地拥抱愤怒，继续练习吸气、吐气，你的孩子很快就得到解脱[①]。

我们知道，所有植物都需要阳光的照射，对阳光很敏感，凡是获得阳光拥抱的植物都会经历内在的转化。清晨时，花朵含苞待放，待到太阳升起，阳光开始拥抱它们，慢慢地进入它们。直到整朵花都被阳光包裹。这时，花朵便绽放在阳光下了。

同样的，身心构造也对正念非常敏感，如果正念拥抱身体，身体就会得到转化；同理，只要正念能拥抱愤怒与绝望，它们也会得到转化。根据佛陀的教导与他的修行经验，我们了解任何事物只要经过正念能量的浸润，就会得到转化。

愤怒就像一朵花，刚开始时，你可能不了解它的本质或起因。但**如果你知道如何以正念的能量拥抱它，它就会对你开启心房**。你可以坐下来，慢慢地数呼吸或练习行禅，聚集正念的能量来拥抱愤怒。只要 10 ~ 20 分钟，愤怒就会自然而然地在面前释放开来，突然之间，你就会看到它的本质。你将发现，它之所以生起，可能只是因为错误的认识，或缺乏纯熟的禅

① 指解除烦恼，摆脱束缚，从而获得身心自由。

定[1]功夫罢了！

烹煮你的愤怒

为了让愤怒的花朵绽放，你需要保持正念一段时间。这就像煮马铃薯，当你把马铃薯放进锅子里，盖上锅盖，放到炉子上，即使把火开到最大，如果只过 5 分钟就熄火，马铃薯并不会熟。你必须让火继续烧 15 ~ 20 分钟，才能将它煮熟。然后打开锅盖，就能闻到马铃薯的迷人香味。

愤怒也是如此，它需要经过烹煮。刚生气时，愤怒是生的，就像生的马铃薯很难下咽，但是如果你知道如何照顾、烹煮它，愤怒的负面能量，就会慢慢地转化成具有正面能量的了解与慈悲。

相信我，你一定做得到，不是唯有菩萨才能做到，你也能将愤怒的垃圾转化成慈悲的花朵。其实，一般人在 15 分钟之内就能成功地转化愤怒。唯一的秘诀就是持续练习念念分明的呼吸与走路，以及慢慢地聚集正念的能量拥抱愤怒。

以柔软的心拥抱愤怒，因为愤怒不是你的敌人，而是你的孩子。就如同你的胃与肺，每当它们出了问题，你不会想丢掉

① 指“心一境性”，让混乱的思绪平静下来，外禅内定，专注一境。“禅”是外不着相，“定”是内不动心。

它们。同样的，对待愤怒也是如此，你能接受它，是因为你相信自己能把它照顾好，并且将它转化成正面的能量。

将垃圾转化成花朵

懂得使用有机肥料的园丁一定不会丢掉垃圾，因为她需要它。她可以将它转化成堆肥，堆肥又可以转化成莴苣、小黄瓜、萝卜与美丽的花朵。身为修行人，你就像懂得使用有机肥料的园丁。

“愤怒”与“爱”同样具有有机肥料的特质，它们都可以被改变。爱可以转变成仇恨，这点你们都很清楚，很多人都有这样的经验。当一段感情刚开始时，你会愿意为对方付出许多，因为你爱得如此强烈，甚至认为没有对方就活不下去。但是，如果未练习保持正念，大概只要一两年，爱就可能变成仇恨。你的感觉完全改变，会觉得对方令人厌恶而无法在一起生活，离婚便成为唯一的选择。爱情变成仇恨，花朵变成垃圾。如果这时你有正念的能量，就能看透垃圾的本质，然后对自己说：“我不怕，我可以把垃圾转变成花朵。”

如果你在心中看到产生垃圾的因子，例如害怕、绝望或仇恨，请不要慌张。身为懂得使用有机肥料的园丁、修行人，你可以这样说来处理这种负面的情绪：“我觉察到心里的垃圾，我要将它转化成可以让爱重生的肥料。”

对修行有信心的人，不会想从一个困顿的关系中逃遁。当知道如何专注地呼吸、走路、坐下、吃饭，你就可以聚集正念的能量来拥抱愤怒与绝望。只要拥抱它，就可以让心获得释放，当你继续拥抱时，就能深入观照它的本质。

所以，这样的修行有两个阶段。第一个阶段是拥抱并觉察：“亲爱的愤怒，我知道你在那里，我会好好地照顾你。”第二个阶段是深入观照愤怒的本质，了解它如何产生。

照顾你的孩子——愤怒

你必须倾听内心的愤怒，就像母亲随时都在注意孩子是否安然无恙。如果母亲正在厨房工作，突然听到房里孩子的哭声，她一定会立刻放下工作去安慰孩子。虽然她可以继续待在厨房里做美味的汤，但是，这汤绝对没有正在受苦的孩子重要，她必须放下汤，走进孩子的房间。她的出现就如阳光般温暖着孩子，因为她有颗慈爱而柔软的心。这时，她会温柔地抱起孩子，她身体的能量就会慢慢地进入孩子的身体。同样的，当愤怒生起时也要这么做，你必须放下手边所有的事，因为此时最重要的就是回到自己，照顾内心的孩子——愤怒，没有任何事比好好照顾它更重要的了。

记得小时候你曾发烧吗？不论别人给你多少药，仍觉得很不舒服。直到母亲来到身旁，轻轻地将手放在你的额头上，才会觉得好多了！她的手就如天使的手，当抚摸你时，她体内那股清新的能量、爱与慈悲，便进入你的体内。母亲的手就是你的手，她的手仍活在你的体内。如果你知道如何念念分明地呼吸，试着在此时将手放在额头上，就会发现母亲的手还在那里。你已经给自己带来相同的能量，那些从爱与温柔中生起的能量。

母亲不但会用正念拥抱孩子，还会专注地看着他。而孩子之所以能获得安慰，是因为母亲温柔的拥抱，就如同花朵得到阳光的滋养。母亲抱孩子不是只为了拥抱，她还想知道孩子出了什么问题，因为她是个真正的好母亲，总能很快地找出孩子的问题，她是照顾孩子的专家。

身为修行人，我们也要成为照顾愤怒的专家，必须好好地观照自己的愤怒，且不断地练习，直到了解它的根源与运作方式。

抱着你的孩子

当母亲念念分明地抱着孩子时，立刻就能找出孩子不舒服的原因，然后要解决问题就很容易了。如果是发烧，只要给些退烧药；如果是饿了，就给些温牛奶；如果是尿布太紧，就把尿布放松。

身为修行人，我们也要如此做，须专注地拥抱愤怒，心才能获得解脱。当我们不断练习专注地呼吸与走路，就像为愤怒唱了一首摇篮曲。正念的能量会慢慢地进入愤怒的能量，就像母亲的能量会在拥抱中进入孩子的身体一样，这两件事本质上完全相同。如果你知道如何专注地呼吸、微笑与走路，一定能在 5 ~ 15 分钟之内获得心灵的解脱。

发现愤怒的本质

当生气时，我们会倾向相信愤怒是由别人所造成，而将所受的痛苦都责怪到别人身上。但是如果深入地观察就会明了，造成痛苦的主因，其实是内心那颗愤怒的种子。因为很多人面临与你相同的情况时，都不会那样生气，虽然他们也听到相同的话或看到相同的情形，但是心都能保持冷静而不被愤怒之火点燃。为何你却那么容易生气呢？那是由于你内心愤怒的种子已茁壮成长，你从未好好照顾它，以致让它获得太多的灌溉了。

每个人的意识里都深藏着愤怒的种子，但是有些人的愤怒种子，比正面的爱与慈悲的种子还强大，这可能与过去从未修行有关。当我们不断地滋养正念的能量，很快就会发现，原来造成痛苦与悲剧主因的并非别人，而是自己内在愤怒的种子，这才停止责怪别人，因为我们了解他人只不过是造成痛苦的次要原因而已。

当你有如此的洞察时，心就会得到解脱，而觉得比以前舒坦多了。但这时你生气的对象可能仍在地狱之中，他还不知如何修行。一旦你明白如何照顾愤怒，就会觉察到对方正在受苦，此刻便可将注意力放在对方身上，并想着帮助他了。

帮助他，不要惩罚他

当一个人不知如何处理痛苦时，就会把它扩散到周围的人身上。**当你痛苦时，也会让周遭的人感到痛苦，这是很自然的事。所以我们要学习如何处理自己的痛苦，才不会让它四处扩散**。

假如你是一家之主，一定会希望家人都很平安——你很慈悲，不允许自己的痛苦伤害家人，而且你知道痛苦不是个人的事，快乐也是如此，所以要学习如何处理痛苦。

当人不知如何处理愤怒时，会很无助、痛苦，也会使周遭的人痛苦。这时你可能会生气而认为他应该得到某些惩罚——

他曾经使你受苦，所以你想惩罚他。但是经过 10 ~ 15 分钟的行禅与观照，你开始了解他真正需要的是帮助而非惩罚，这是非常好的洞察。

这个人可能是与你很亲近的人，是你的丈夫或妻子。想想看，如果你不帮助他，还有谁能帮助他呢?

你知道如何拥抱愤怒而觉得舒坦多了，但是当你看到对方还很痛苦时，就会有股想要回到他身边的动力，因为除了你没有人可以帮助他。你会充满想要帮助他的渴望，再也不想惩罚他。这是个完全不同的想法，你的愤怒已经转化成慈悲了。

正念的修行带给我们专注力与洞察力。洞察力是修行的果实，能帮助我们原谅、关爱别人。用 15 ~ 30 分钟的时间，练习保持正念、专注、深入地观照，如此能将你从愤怒中释放出来，转化成为可爱的人，这就是佛法的力量与奇妙之处。

停止愤怒的恶性循环

有个 12 岁的小男孩，每年夏天都到梅村与其他年轻人一起修行，他与父亲之间一直有些问题。每当他犯错、跌倒或受伤时，父亲不但不帮助他，反而用各种难听的话斥责他：“你这个笨小孩！你怎么可以对自己做这样的事！”而这可能只是他不小心跌倒受伤了。因此，他从来不觉得父亲是个慈祥的好父亲，他发誓如果自己有孩子，绝不以这种方式对待他。如果孩子因玩要而受伤、流血，绝不对他大吼大叫，而立刻拥抱他，并试着帮助他。

来年他又回到梅村，这次妹妹与他同行。有一天妹妹和其他女孩在吊床上玩，突然间摔了下来，头撞到地上的石头，血流满面。小男孩突然怒火中烧，几乎要大声地责骂："你这个笨女孩！你怎么可以对自己做这样的事！"他几乎要做出与父亲相同的事，但因他已在梅村修行了两个夏天，能及时阻止自己。他不但未责骂妹妹，反而在别人帮助她时，开始练习念念分明地走路与呼吸，大约只有 5 分钟，就有了新的体悟。他看到自己的反应、愤怒，还有从父亲身上所承袭的习气——他变得与父亲一样，成为父亲的延续者。虽然不愿这样对待妹妹，但是父亲传给他的负面能量如此强大，使他几乎就要做出与父亲相同的事。

对一个 12 岁的小男孩而言，这样的觉醒相当难得。他继续练习行禅，突然间内心生起一股新的动力，想要借修行来转化自己的习气，不再将习气传给孩子。他知道唯有修持正念，才能帮助自己停止痛苦的循环。

他同时发现父亲其实也是愤怒的受害者，可能也不想如此对待他，但是父亲内心的习气实在太强烈了。当洞察父亲可能也是负面习气的受害者后，他对父亲的怒意完全消失。几分钟后，他突然很想回家邀请父亲一起来修行。对一个 12 岁的小男孩而言，这实在是个了不起的体悟。

做个好园丁

当真正了解别人所受的痛苦，你就有能力转化那股想要惩罚他的欲望，然后只想帮助他。这时你就知道自己的修行是成功的，你是个好园丁。

每个人心中都有一座花园，修行人都得回到这个花园，并好好地照料它。也许过去你让它荒芜了好长一段时间，但是现在，你对这个花园了若指掌，并将它整理得井井有条，重现美丽与宁静。如果你能坚持好好地照顾它，那么很多人都会享受到它的美丽。

好好照顾自己与身边的人

小时候，父母会教我们如何走路、坐下、吃饭与说话，但是当我们成为修行人时，又经历重生成为具有精神生活的人。所以，**我们得再学习如何呼吸，念念分明地呼吸；学习如何走路，念念分明地走路；也要学习倾听，念念分明地、充满慈悲心地倾听；还要学习说话，如何使用爱语、信守承诺。**当你说："亲爱的！我要你知道，我很痛苦、很生气。"你就信守了承诺。"亲爱的！为了我，也为了你，我要很努力地照顾好愤怒，因为我不想让情绪失控，那样会毁了我们。我会尽力改变自己，我正在练习从老师那里所学的功课。"你的坦白会让对方对你生起敬意与信心。最后，你说："亲爱的，我需要你的帮助。"这是一个强而有力的声明，因为通常你生气时，只会不耐烦地说："我不需要你。"

如果你可以发自内心真诚地说出这三段话，对方的心灵就能获得转化。不用怀疑它所带来的影响力，你已用行动感动了对方，让她也想与你一起做。她会想："他这么诚实地对待我，信守他的承诺，又这么努力，我一定也要这么做。"

所以，**只要你照顾好自己，也就照顾好了所爱的人；只有好好地爱自己，才有能力去爱别人。如果不能照顾自己，你绝对不会快乐；如果内心无法平静，就不能让周围的人感到快乐，你无法帮助别人，也不懂如何去爱**。你爱别人的能力完全取决于爱自己的能力有多少，以及是否能好好地照顾自己。

治疗心里受伤的孩子

很多人的心里都住着一个受伤的孩子，这些伤痕可能来自父母。他们也许在童年曾受过创伤，由于不知如何治疗，只能将伤痛传给我们。如果我们不知如何转化与治疗内心的伤痕，也可能继续将它传给孩子、孙子。所以，我们必须回到内心那个受伤的孩子身边，帮助他从伤痛中痊愈。

有时心里那个受伤的孩子会需要我们全部的注意力，他可能从意识底层出来，要求我们关心他。如果你念念分明，就会听到这孩子求助的声音。这时你就不会想去看美丽的日出，而会想回到自己，温柔地拥抱内心受伤的孩子。“吸气，我回到受伤的孩子身边；吐气，我会好好地照顾他。”

要能真正地照顾自己，就必须回到内心照顾受伤的孩子。你必须练习每天回到他的身边，像个大哥哥、大姐姐般的拥抱他、与他说话，或以两三页的信纸写信给他。你告诉他，你知道他在那里，你会尽最大的努力治疗他的伤痛。

当说到慈悲地倾听，通常会认为是要去倾听其他人。其实**我们也要学习倾听内心受伤的孩子，因为他就活在当下，现在就可以治疗他**。“孩子！我在这里，我已经准备好听你说话。请你告诉我所有的伤痛，我就在这里听你说话。”如果你知道如何回到他身边，而且每天如此练习 5 ~ 10 分钟，疗效就会出现。当去爬壮丽的山时，邀请他同行；当欣赏美丽的日出时，邀请他一起享受美景。若能持续几星期或几个月，心里受伤的孩子就能痊愈，而“正念”正是供给我们能量的来源。

第二章

熄灭怒火

做个自由自在的人

每分钟的修行都在聚集正念的能量，正念并非来自身外，而是你的内心。正念的能量可以帮助我们活在当下，完全地活在此地、此刻。当念念分明地喝下一杯茶，你的身心就完全结合成一体，你是真实的，茶也是真实的。但是如果你坐在一家播放着音乐的咖啡厅，脑海里想着工作，这并未真的在喝茶或咖啡，你喝的就是工作与担忧。你一点都不真实，咖啡也不真实，茶或咖啡只有在你回到自己的那一刻，在你将自己从过去、未来与担忧中释放出来时，才是真实的。

当你是真实的，茶也变得真实，而你与茶的接触也变得真实，这才是真正的“喝茶”。

你可以办个“茶禅”的活动，让朋友们有机会练习“活在当下”，真正地享受一杯茶与彼此的存在。茶禅就是一种修行，它能帮助我们获得解脱。如果你还牵挂、担忧过去，或担心未来，随时带着工作、害怕、焦虑或愤怒，你就不是自由的人。因为你未完全地活在当下，生命就不真的属于你，茶、另外一个人、蓝天或花朵都不是你的。所以，**为了真真实实地活着，为了能深深碰触生命，你必须成为自由的人，培养正念可以帮助你获得自由。**

正念的能量就是活在当下的能量，你的身心是合一的。当你练习念念分明地呼吸、走路，就能从过去、未来、工作中解脱，又重新而完整地活着，完全地活在当下。“自由”是让你接触生命、蓝天、树木、鸟儿、好茶与其他人的基本条件，所以练习保持正念非常重要。而且，这不是件必须花好几个月来训练自己的苦差事，一小时的练习就可以让你更有觉照力。例如喝茶时，训练自己念念分明地喝茶，当下你就是个自由的人；做早餐时，也可以训练自己成为自由的人。每天的每一刻，都是训练自己念念分明地活着、聚集正念能量的好机会。

“亲爱的！我知道你在这里，我很高兴你在这里。”

我们常常忘了自己拥有什么，但是有了正念，就能清楚觉察到当下的所有事物，包括你所爱的人。当你告诉所爱的人：“亲爱的！我知道你在这里，我很高兴你在这里。”这表示你是个很自由的人，而且拥有正念，有能力珍惜与感谢当下所发生的一切。你活在当下，而且所爱的人就在你身边。

内心培养正念的能量，对你非常重要，因为你要用它拥抱所爱的人。当你深情地看着所爱的人，跟他说：“亲爱的！你能在这里真好，我真高兴你能站在我面前。”不但你很高兴，对方也欢喜，因为他被你的正念如此幸福地拥抱着。当能与另一个人如此相处，你会对那人生气的机会就减少许多。

每个人都可以如此练习，且无须花 8 个月来完成。只需要每天花一两分钟练习念念分明地呼吸与走路，把自己带回此地、此刻，让自己再次真正地活着。然后走向所爱的人，注视他的眼睛，微笑地对他说："亲爱的！你能在这里真好。真高兴你能站在我面前。"

正念可以使你与所爱的人获得快乐和自由。或许现在你所爱的人正被他的忧虑、愤怒与善忘所困扰，但是正念可以将你与他从痛苦中解救出来。因为正念是佛陀的能量、开悟的能量，只要念念分明，佛陀就随时都用爱的臂膀拥抱你们。

快乐心语

- 当生气时，回到你的心，好好地照顾愤怒。

- 只要一次念念分明地呼吸，就可以将你、内在的自己与周遭的事物重新联系在一起。

- 修行可以将心中愤怒的火海转化成清凉的湖泊。

- 你也可以试试随身带面镜子，偶尔看看自己正处于什么心境下。

- 愤怒就像一朵花，如果你知道如何以正念的能量拥抱它，它就会开始对你开启心房。

- 不是唯有菩萨才能做到，你也能将愤怒的垃圾转化成慈悲的花朵。

- “愤怒”与“爱”同样具有有机肥料的特质，它们都可以被改变。

- 对修行有信心的人，不会想从一个困顿的关系中逃遁。

第二章
熄灭怒火

- 当愤怒生起时，最重要的就是回到自己，照顾内心的孩子——愤怒。

- 身为修行人，我们也要成为照顾愤怒的专家，必须好好地观照自己的愤怒，且不断地练习，直到了解它的根源与运作方式。

- 当我们生气时，我们会倾向相信愤怒是由别人所造成，但是如果深入地观察就会明了，造成痛苦的其实是内心那颗愤怒的种子。

- 我们要学习如何处理自己的痛苦，才不会让它四处扩散。

- 正念的修行带给我们专注力与洞察力。洞察力是修行的果实，能帮助我们原谅、关爱别人。

- 我们观察得愈多，就愈理解他，愈理解他，就愈容易对他产生悲悯和爱的情感。

- 当真正了解别人所受的痛苦，你就有能力转化那股想要惩罚他的欲望，只想帮助他。

- 只要你照顾好自己，也就照顾好所爱的人，只有好好地爱自己，才有能力去爱别人。

- 我们也要学习倾听内心受伤的孩子，因为他就活在当下，现在就可以治疗他。

- 当你是真实的，茶也变得真实，而你与茶的接触也变得真实，这才是真正的“喝茶”。

- 为了真真实实地活着，为了能深深碰触生命，你必须成为自由的人，培养正念可以帮助你获得自由。

- 禅修的目的是给自己和他人带来安宁、快乐与和谐。

第三章

真爱之语

你有责任告诉对方你在生气。当快乐时，你与他分享喜悦；当痛苦时，也要将痛苦告诉对方。即使你认为痛苦是因他而起，也必须信守承诺，冷静地告诉他。使用真爱之语是你唯一的条件。

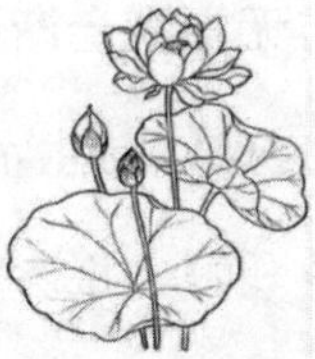

一场和好的对谈

我们要与家人、心灵契合的朋友一起修行，因为我们很难靠自己的力量获得成就，我们都需要盟友。过去，我们与家人、朋友的关系可能是建立在使彼此受更多苦，以及与日俱增的愤怒上。但是现在，我们要开始改变，要为照顾好彼此的哀伤、愤怒与挫折而结盟，要共同商讨重建和解的策略。

先从与所爱的人谈话开始："亲爱的！过去我们都让彼此受了太多苦，而成为愤怒的受害者，为彼此建造了可怕的地狱。现在，我想要改变，希望我们能成为盟友，互相爱护，一起修行。让我们一起转化愤怒、修持正念来创造美好的生活吧！亲爱的！我需要你的帮助、支持与合作。没有你，我真的做不到。"你必须把这些话告诉伴侣、儿女，而且就是现在！这番话将带给你们新的体悟，这就是爱。

你可能在听了5分钟的佛法后，就获得某种体悟，但是你必须在生活中保持，如此才能把它应用在生活上。当这些体悟在心中不断滋长，困惑与无知就会渐渐地随之消除，它不但会影响你的想法，也会影响身体与生活方式。所以，试着与伴侣、所爱的人沟通出维持和解、正念消费和爱护彼此的行动计划，这对你们很重要。**为了让这场对谈圆满成功，你们必须全力以赴，把自己最好的一面呈现出来，如此才有可能让彼此停止受苦**。现在，你要重新开始转化自己，但是如何说服对方一起努力，就得看你自己了。

重新开启沟通之门

有位年轻的美国人，他与父亲已有5年不交谈了。有一天因接触到佛法，对他造成很深的影响，彻底地改变了他的生活，他想让一切重新开始，因而决定出家。他先与梅村的师父们共住了三四个月，以强烈的动机证明自己可以成为出家人。从进入禅修中心的那天起，他就不断地练习念念分明地观照、行禅与打坐，与我们一起作息。

他不对父亲抱任何期待，就从自己做起。禅修的生活与内心的宁静，使他能每天心平气和地写信给父亲。在不期待父亲回信的情况下，将修行过程与每天所感受的小小快乐，全都写信告诉父亲。6个月之后，他打电话给父亲。在电话接通之前，他一直保持念念分明地呼吸，以帮助他保持冷静。父亲对他的出家完全不谅解，因此开口的第一句话是："你还跟那个团体在一起吗？还在当和尚吗？你将来到底会有什么出息？"年轻人回答他："爸爸！现在我最关心的事是如何与你建立良好的关系，与你重新沟通，如何亲近你，这就是我唯一关心的事。对我而言，这比任何事，包括我的未来，都要重要。"

他的父亲沉默了很长一段时间，在这期间，这位年轻的法师[1]就持续地专注在呼吸上。最后父亲开口了："我同意你刚才说的，这对我也很重要。"所以，父亲对他的感觉其实不是只有愤怒，这6个月来，他在写给父亲的信中说了许多美好的事物，这些都滋养了父亲内心正面的种子。从那天起，父亲每天都打电话给他，他们又打开了沟通之门。现在，这对父子的快乐已成为事实。

平和之道，从自己开始

在我们于生活中有深深的改变之前，要先检视自己的饮食习惯与消费方式。我们必须以一种停止消费有毒物质的新方式生活，如此才有力量使内在美好的特质重新生起，不再成为愤

① 指佛教中凡能讲演佛经的出家比丘。

怒与挫折的受害者。

当沟通之门开启时，所有的事都变成可能，因此，我们应该把心力放在重建与别人的沟通上。你必须向对方表达想要和解的愿望，请他支持你，告诉他："我们之间的良好沟通，对我非常重要。我们的关系对我是如此可贵，没有什么比这更重要了。"就这样明确地告诉对方，并请他支持你。

你们必须协商出一个新的策略，不论对方能做到多少，你都必须尽自己最大的努力去做，百分之百地投入。所有你为自己做的，都要为对方而做。不要等待或预设条件，或说："如果你不试着做点什么来与我和解，那我也不要。"这样只会失败。和谐、和解与快乐，得从自己开始做起。

如果我们总是认为，只要对方未改变，事情就无回旋的余地，这是错误的。我们总是有其他创造快乐与和谐关系的方法，而你就有开启的钥匙。走路、呼吸、微笑与响应的方式都很重要，你必须从点滴做起。

沟通有很多种，最好的方式就是你不再生气，也不想责怪对方，能完全了解并接纳对方的想法。不要只用言语，也要以你的行动——爱的眼神与温柔的举止来传达。若让人觉得亲近你是件很愉快的事，事情就会有很大的转机，没有人抗拒与你接近。你成为一棵有树荫的大树、一条清凉的小溪，给人一种清新怡人的感觉，人类与其他有生命的事物都想亲近你。因此，当你真正地从自己做起时，就有能力重新开启那道沟通之门，其他人也会很自然地开始改变。

订立和解条约

我们要告诉所爱的人：“亲爱的！过去我们让彼此都受了很多苦，因为我们都无法处理愤怒。现在，我们必须一起来想个新方法，好好地对待自己的愤怒。”

佛法可以消除愤怒的心火、减轻痛苦的程度，可以在当下带给我们快乐与宁静的智慧。因此，我们想出来的和解办法，也应该建立在佛法的基础上。

当愤怒的能量生起时，我们常会有股冲动，想去惩罚使我们痛苦的人，以发泄内心的愤怒。这是我们内在的一种习气，每当痛苦时，总是责怪他人带给我们痛苦。其实，我们才应该为自己的愤怒负责，但是，我们总是无知地相信，如果能说些或做些什么来惩罚他，就会觉得舒服一点。我们应该将这样的信念连根拔除，因为生气时所说的话或所做的事，都只会更加伤害彼此的关系。所以，试着在生气时，什么都不要做。

当你说了难听的话，或做了报复别人的事，愤怒常常只会有增无减。因为如果你使别人受苦，那人也会说些或做些什么来报复你，他也希望这么做会舒服一点。冤冤相报的结果，只能使冲突继续扩大，即使同样的冲突一再发生，你们也都清楚每次的愤怒与痛苦会随之一再扩大，但仍然未从经验里有所学习。因为你从未发现，每次惩罚对方只会使情况更加恶化。

惩罚别人就是惩罚自己，永远都是如此。每当美国惩罚伊拉克时，不但伊拉克受苦，美国也受苦。同样的，当伊拉克想伤害美国时，不但美国受苦，伊拉克也受苦，这样的情况在世界各地都是如此。无论在以色列与巴勒斯坦之间，或在你与另一个人之间，都是如此。所以，让我们醒过来吧！认清一项事实，惩罚别人并非聪明的方法。大家都是聪明人，应该善用自己的智慧，集思广益，共同约定一个对待愤怒的方法，明白惩罚对方其实是不智之举。所以，你们要相互承诺，当生气时，不会意气用事地说话或做事，而会回到自己，以念念分明地呼吸与走路来对待愤怒。

利用你们心情愉快时，签下和解条约——一纸真爱的条约。这和解条约是完全基于真爱而签订的，与政党之间所签署的政治条约完全不同。因为那完全是为了各自的利益，彼此之间仍充满怀疑与愤怒，你们的和解条约则是出于真爱的誓约。

拥抱愤怒

佛陀从未要我们压抑愤怒，他教导要回到自己，好好地照顾它。当身体不适时，可能是肠胃或肝出了问题，这时就必须放下工作，好好地照顾自己。我们会做一些按摩，或以热水袋热敷，很细心地照顾身体。

情绪就像器官，是我们的一部分。所以生气时，也应该回到自己，好好地对待它。我们不能说："愤怒，走开！我不要你。"因为胃痛时，你不会说："胃，你走开！我不要你。"你一定会好好地照顾它。同样的，我们也必须拥抱与观照愤怒，要认识它的本质，拥抱它，然后对它微笑。念念分明地走路与呼吸的能量可以支持我们这么做。

快乐绝不是个人的事

在此，我不是要告诉你隐藏自己的愤怒。相反的，应该让其他人知道你在生气、受苦，这点很重要。当你对别人生气时，请勿假装不生气或不痛苦。如果那人对你很重要，就必须向对方坦承你很生气且在受苦，你可以用很冷静的方式告诉他。

在真爱里没有骄傲，你不能假装未受苦或不生气。由于自尊心作祟，而想向对方否认真正的感觉："生气？我？我为什么要生气？我没事儿！"但其实你觉得糟透了，好像正被地狱的怒火所燃烧。你必须把这种感觉告诉伴侣或儿女。我们常会告诉别人：“我不需要你来使我快乐，我自己也可以过得很好！”当这么做时，你就违背了原本说好要分享一切的誓言。

以前你们还很甜蜜时，你会向对方说：“没有你，我根本无法生活，你是我快乐的源泉。”但是当你生气时，说的话却完全相反：“我不需要你！你不要靠近我！不要碰我！”这时你宁可锁上房门将他拒之门外，表现出完全不需要对方的态度。这是种非常人性而原始的反应，但并不是有智慧的做法，毕竟快乐不是你个人的事。如果你们当中有个人不快乐，另一个人就不可能快乐。

1. 亲爱的！我很生气，也很痛苦

如果能对他说：“亲爱的！我爱你。”这是件美好又重要的事。我们都想与所爱的人分享快乐、美好的感觉。但是生气、痛苦时，也应该让对方知道你的感受，你有权利这么做，这才是真爱。试着很平静地向对方说：“亲爱的！我很生你的气，现在我觉得很痛苦。”可能这时你的声音听起来很难听，但没有关系，就是不要说惩罚或责怪对方的话。“亲爱的！我需要你知道，现在我很生气，也很痛苦。”这是真爱的语言，因为你们发誓要以伴侣、夫妻的角色爱护对方。同样的，父子、母女也都是彼此的伴侣，无论生气的对象是孩子、父亲或母亲，你都应该把心里的话说出来。

你有责任告诉对方你在生气。当快乐时，你与他分享喜悦；当痛苦时，也要将痛苦告诉对方。**即使你认为痛苦是因他而起，也必须信守承诺，冷静地告诉他。使用真爱之语是你唯一的条件。**

你必须尽快告诉对方自己的感受，不要将愤怒、痛苦的感觉闷在心里超过 24 小时，否则就会累积太多而伤害自己。如果你无论如何都不想告诉他，那就证明你对他的爱与信任非常薄弱。所以，尽快告诉对方你的痛苦与愤怒，你的期限是 24 小时。

你可能觉得自己仍不够冷静或者还很生气而无法立刻告诉对方。这时你可以试着念念分明地呼吸或到户外走路，等你已冷静下来并准备好与他分享感觉时，再开口说话。如果 24 小时的期限将到，而你仍无法冷静，就把要说的话写下来。试着写张“和解纸条”交给他，并确保他在 24 小时之内收到，这点很重要。你们都要承诺，在生对方气时采取这样的行动，否则就违反所签下的和解条约。

2. **我正在努力**

如果你真的下定决心要做些改变，可以再进一步告诉他：“我正在努力。”这表示你正努力地克制自己不要意气用事，正练习念念分明地呼吸与走路，练习以正念拥抱愤怒，用佛法的教导慢慢地转化愤怒。但如果你并未认真地练习，请不要随便说："我正在努力。"只有在你生气而又知道如何处理情绪时，才有权利说："我正在努力。"这句话能激起对方对你的信心与敬意。"我正在努力"，就表示你正遵守承诺，会回到自己，好好地照顾愤怒。

当生气时，愤怒就是你的孩子，要细心地照顾它。就像胃痛时要回到自己，好好地拥抱胃，它在此时就是你的孩子。胃是肉体的身行，愤怒则是内在的心行，照顾愤怒就必须如同照顾胃与肾一样。你不能说："愤怒，走开！你不属于我！"所以当你说"我正在努力"，就表示正在拥抱与照顾愤怒。你练习正念呼吸与行禅，借此释放生气的能量，将它转化成正面的能量。

当你拥抱愤怒时，要深入观照它的本质，因为你知道自己可能是错误认识的受害者。你可能误解了所看到或听到的事，也可能对说过或做过的事抱持错误的想法，你的愤怒其实是来自无知与错觉。当你说"我正在努力"，表示你明白有好几次都因错误的认识而生气，所以现在会很小心。你知道不该那么快认定自己是别人错误的行为或言语的受害者，事实上，可能是自己在内心建造了这座地狱。

3. 请你帮助我

接下来，你可以很自然地说出第三句话："亲爱的！请帮助我，我需要你的帮助。”这就是真爱之语。当生气时，你会很自然地说出与真爱之语相反的话：“别碰我！我不需要你。没有你，我也可以把事情处理得很好。”但是，你们已经承诺要照顾彼此。因此，**当痛苦时，即使已经知道如何去做，你还是很自然地需要对方的帮助，请跟对方说：“亲爱的！我需要你的帮助，请帮助我。”**

如果你能说出或写下这三句话，就真的懂得什么是爱了，你正在说爱的语言。“亲爱的！我要你知道，我觉得很痛苦。我正在努力，正试着不责怪别人，包括你。因为我们是如此亲近，曾经彼此承诺，所以我需要你的支持与帮助，帮助我走出这生气、痛苦的心境。”当你以这三句话与对方沟通时，他的心很快就能获得安慰与解脱，而你处理愤怒的方式也可激起他对自己的信心与敬意，其实这并不困难。

一起转化愤怒

如果我是那个人，在听到这三句话时，就会立刻感觉到你对我的忠诚与真挚的爱。因为你不只在快乐时与我分享喜悦，也愿意在受苦时让我分担痛苦。当你告诉我正在尽力时，我便对你生起信心，打从心底敬佩你，因为你是个真正的修行人，你对所学的，以及对师父的教导与同修的道友们都如此忠诚。

当你练习说出这三句话时，就已在内心拥抱师父与僧团了。

因为你如此尽心，我很自然地也想要尽力，因而回到内心开始练习。为了让自己值得你这么努力，我也必须深刻地观照自己并尽力去做。我得问自己："我到底说了或做了什么，让他这么痛苦？为什么我会这么做？"只是听了你说的话，读了你写给我的和解纸条，我就能重新找回自己。佛法在感动你之后，也开始深深地感动着我，现在轮到我来让正念的能量盈满自己的心了。

当对方收到你以真爱之语所传达的讯息，就会被你的爱、话语与修行所启发。当他了解你所说的话，许多的觉醒与敬意就会油然生起。他会想回到自己，重新思考是否做了或说了什么而让你痛苦。如此一来，你的修行就传递到他身上，他会看到你正在尽力，为了回应你，他也会很尽力，而轻轻地对他自己说："亲爱的！我也在努力。"

这是多么美好啊！你们都在修行，佛法已经盈满你们的内心，佛陀正活在你们的心里。这时什么都不危险了，你们已经回到自己，为了能真正地了解事实而深入地观照它。在这观照的过程中，如果当中有人洞察事情的来龙去脉，就必须立刻告诉对方发现了什么。

如果你发现只是由于某种错误的认识而生气，就得立刻告诉对方，让他知道你因子虚乌有的事而生气，他并未做错什么，你生气是因为对当时的情况有所误解。你应该立刻打电话、发传真或写电子邮件给他，因为这时他还在为你所受的痛苦而担心，如果你能这么做，他就可以放心了。

当他反省时，可能也会发现自己曾因不理性的想法或错误的认识，对你说了什么话或做了某些事。他因为很后悔，也想与你分享："亲爱的！那天我不留神，说了些不该说的话。由于我错误的认识，而做了件不太好的事，我知道自己不够小心，我不是故意要让你痛苦。我要向你道歉，我保证下一次会更成熟、更小心一点。"当你听到他这么说，痛苦就会立刻消失，而且这时你会打从心里敬佩他。现在，他也成了修行人，你们对彼此的敬意都开始滋长，而"尊重"正是真爱的基础。

相敬如宾

在越南的传统习俗中，夫妻之间应该相敬如宾。因为你们真正地尊敬对方，不会在对方的面前更衣，言行举止都充满敬意。如果你们对彼此的敬意消失了，真爱就无法延续。夫妻之间相敬如宾，是亚洲社会的一项传统。我相信西方国家也有这种想法，至少在过去的社会如此。**如果没有这种相互的尊重，爱便很难持久，愤怒与其他负面的能量会慢慢控制两人的关系，使婚姻关系开始恶化。**

在梅村所举行的婚礼上，新婚夫妻相互鞠躬以表示对彼此的恭敬。我们相信每个人的心里都有佛性[①]，都具有能开悟、长养慈悲与智慧的能力，所以要表达对彼此的恭敬。当你向伴侣鞠躬时，也向他宣示你的爱；当你不再尊敬他，对他的爱便随之而逝。因此，我们要很小心地去滋养、维护对彼此的敬意。

使用这三句真爱之语，在冲突中认识自己的责任，都是向对方表达敬意与滋养彼此真爱的踏实做法。不要小看这三句真爱之语的力量！

口袋里的小石头

真爱之语中的每句话、每个词、每个字，都包含你对对方全部的爱。有了真爱，你就可以面对所有的事。你可以把这三句话写在一张信用卡大小的纸片上，放在皮夹里，把它当作能拯救你的宝贝，它会随时提醒你想起你们之间的承诺。

有些人喜欢把从院子里捡到的小石头洗净，放在口袋里随身携带。每次把手插进口袋里，就会碰到它，然后轻轻地握着，开始试着念念分明地呼吸，内心就能渐渐平静。当愤怒生

① 又作如来性、觉性。佛性即一切众生永不变异的觉悟之性。

起时，小石头就成了你的佛法，它能提醒你三句真爱之语。**你可以轻轻握着它，平静地吸气、呼气，并面带微笑，这对止息愤怒会有很大的帮助。你也许会觉得这方法有点幼稚，但它的确很有效**。当在学习、工作或购物时，没有东西可以提醒你回到内心，因此可以把小石头当作老师、同修。它就是你正念的晨钟，能让你休息片刻，慢慢地回到呼吸上。

很多人会用念珠[①]来念诵耶稣或阿弥陀佛的名号。这颗石头与念珠的功能是相同的，它能提醒你，老师、师兄、师姊们永远与你在一起，帮助你回到自己的呼吸，让爱在心中滋长而生生不息。这颗小石头能帮助你永远保持一颗觉悟的心。

① 亦称“念佛珠”，是念佛、菩萨名号或持咒时用以计数的法具。

快乐心语

- 只有当我们不执着于某种观点、不狂热盲从时，内心的和平才有可能实现。

- 我们所讲的话可以在我们周围创造出爱、信任和幸福的氛围，也可以创造出地狱。

- 我们必须以一种停止消费有毒物质的新方式生活，不再成为愤怒与挫折的受害者。

- 沟通有很多种，最好的方式就是你不再生气，也不想责怪对方，能完全了解并接纳对方的想法。

- 佛法可以消除愤怒的心火、减轻痛苦的程度，可以在当下带给我们快乐与宁静的智慧。

- 惩罚别人就是惩罚自己，永远都是如此。

- 每一个行为、每一个想法都会产生影响，即如我刚刚拍了一下手，它的影响就无所不在，甚至在遥远的星系。

- 我们是其他的一切，其他的一切是我们，无二无别。

第三章
真爱之语

我们为自己所做的一切即是为别人，我们为别人所做的一切即是为自己。

- 不要辩论，不要申诉，不要责备，只需努力去理解。如果你理解了，而且表现出你理解了，你能够爱，情形就会改观。

- 讲话时要尽量避免引起误解、仇视或嫉妒的言辞，要尽量说能增进彼此间的理解和相互接受的话。

- 当人我之间的矛盾消失了时，内心的冲突也就消失了。

- 当你尽了最大的努力去理解和接受时，就不必担心结果了。你尽了最大努力，这就足够了，别人也会尽他最大的努力。

- 当你爱一个人时，就会希望他幸福。如果他不幸福，你无论如何也不会幸福。幸福不是一件孤立的事情。

- 如果没有相互的尊重，爱便很难持久。

- 每个人的心里都有佛性，都具有能开悟、长养慈悲与智慧的能力。

- 当生气时，愤怒就是你的孩子，要细心地照顾它。就像胃痛时要回到自己，好好地拥抱胃，它在此时就是你的孩子。

- 如果没有这种相互的尊重，爱便很难持久，愤怒与其他负面的能量会慢慢控制两人的关系，使婚姻关系开始恶化。

- 真爱之语中的每句话、每个词、每个字，都包含你对对方全部的爱。有了真爱，你就可以面对所有的事。

第四章

转化愤怒

我们大部分的愤怒是由错误的认识所产生的。所以，观照痛苦的成因时，只要一发现生气是由于自己的误会引起的，就得立刻告诉对方。

我们内心的能量区

我们都知道当愤怒生起时，若立即采取任何语言或行动并不明智，此时应该克制自己。而真正该做的是：回到内心，观照愤怒。

愤怒是心中的一个能量区，是属于我们的一部分，是个内心正在受苦而需要照顾的小孩。当生气时，我们最该做的事，就是聚集另一个能量来拥抱与照顾愤怒。第二个能量区是正念的能量，也就是佛的能量，它存在于每个人心中，我们都有能力借念念分明的呼吸与走路来聚集它。所谓“佛在心中”，不只是个概念或理论，而是真实的存在，每个人都有能力聚集正念的能量。

“正念”就是活在当下，清楚地觉察周围所发生的一切。这个能量对于修行非常重要，它就如同慈祥的母亲，把自己正在哭泣的孩子——愤怒、绝望与嫉妒拥入怀里，好好地照顾。

因此，我们有两个能量区，一是“愤怒”，二是“正念”。修行就是要以正念的能量，觉知与拥抱愤怒的能量。这并非是压抑愤怒，你必须温柔地、慢慢地做，绝不能使用暴力。正念是你，愤怒也是你，不该把自己变成战场，不要利用某一方去击倒另一方。我们不要认为“正念”是好的、正确的，“愤怒”就是坏的、邪恶的。只需认识到“愤怒”是负面的能量，而“正念”是正面的能量，你就要以正面的能量“照顾”负面的能量。

自然的感觉

修行是基于对“不二”（non-duality）[1] 的认识，我们内心所有负面与正面的感觉，都遵循自然的法则而生，都同样真实。因此，无须在内心打仗，只要拥抱与照顾这些感觉。你可能认为必须与邪恶的感觉对抗，并将它赶出心灵，但这是错误的。在佛教传统中，禅坐并非把自己变成以“善”击“恶”的战场，这点非常重要。你所要练习的，其实是转化自己。如果内心没有垃圾，你就没有东西可作堆肥来滋养心中的花朵，

① 大乘经中强调“我”与“无我”、“空”与“有”、“生死”与“涅槃”等对立双方，都是“不二”的关系，《维摩经》等谓之“不二法门”。也就是说，所有两极的、矛盾的、对立的现象，皆统一于同一缘起性空的真如体性。

所以，痛苦、悲伤的感觉正是你所需要的，也都是真实、自然的，可以转化并好好地利用它们。

对相互依存的洞察

修行的方法是非暴力的，非暴力来自对“不二”与“相互依存”的洞察，即洞察所有的事物都相互牵连，无法独立存在。当你对其他事物使用暴力，便是在对自己使用暴力。只要仍未洞察“不二”，你就会想使用暴力、惩罚、压迫或毁灭。一旦洞察“不二”的真理，你就能同时对内心的花朵与垃圾微笑，并用双臂拥抱它们，这个洞见是你采取非暴力行动的基础。

当你洞察“不二”与“相互依存”的真理，就会以最和平的方式照顾身体，也会以非暴力的方式照顾包括愤怒的各种心行，同时温柔地对待兄弟姊妹、父母与周围的人。因此，“非暴力”很自然地就可以从这种新的态度中生起，一旦洞察相互依存的事实，你就不会再将别人视为敌人。

修行的基础在于对“不二”与“非暴力”的洞察。一旦有所洞察，你就会懂得如何温柔地对待自己的身体、愤怒与绝望。愤怒的根存在于非愤怒的元素与生活方式中，如果我们对内心的每个想法、感觉都加以无分别[①]地照料，就能避免受负面能量的掌控，从而减弱负面种子的能量，正念也能免于被淹没。

智慧地表达愤怒

当愤怒生起时，要觉察、接纳它的存在，并了解它正需要我们的帮助。这时应该避免意气用事地说话或做事。相反的，要立刻回到自己，请正念的能量生起，让我们有能力觉察、拥抱与照顾愤怒。

我们也应该告诉别人自己正在生气，觉得很痛苦。“亲爱的！我要你知道，现在我很痛苦、很生气。”如果你是个好修行人，你还会再加上：“我正在努力地照顾愤怒。”最后是第三句：“请帮助我。”**因为对方与你的关系那么亲密，你真的需要他的帮助。以这种方式表达愤怒是非常有智慧的，是相当诚恳、忠诚的**，因为当你们刚在一起时，已彼此许下承诺，要分享所有的（无论是正面或负面的）事物。

这种爱的语言与沟通方式，将能让对方对你心生敬意，并鼓励他也回头反省他自己，试着与你做同样的事。他会看到你

① 指舍离主观、客观之相，而达平等之真实智慧。

如此尊重自己的感觉，而且当生气时懂得如何处理情绪。同时，由于你正努力地拥抱愤怒，就不再将他视为敌人而想惩罚他，反而会把他当作是一直支持你的朋友。因此，这三句真爱之语非常值得你试试看。

你应记得在24小时之内告诉对方这三句话。佛陀说，比丘[①]有权利生气，但是不能超过一个晚上，毕竟把怒气憋在心里太久实在很不健康。因此，不要把这种感觉憋在心里超过一天。你要冷静、充满爱意地告诉对方这三句话，一定要训练自己这么做。如果无论怎样都无法冷静下来，而期限又快到了，你就把这三句话写在纸上交给对方。“亲爱的！我很生气，我觉得很痛苦。不知为什么你要对我做出这样的事，对我说那样的话。我要你知道我很痛苦，我正在努力地照顾愤怒。亲爱的！我需要你的帮助。”你一定要把这张和解纸条交给对方，而且确定他已收到。事实上，你会发现，在交给他和解纸条的那一刻，你的心已经得到解脱。

相约在星期五晚上

你也可以在三句真爱之语的后面，再加上几句话：“这个

① 指年满二十岁，受过具足戒的男性出家人。

星期五晚上，让我们一起坐下来，好好地观照整件事吧！”你可以在星期一或星期二就告诉对方这个想法，如此你可以有三四天的时间，好好地练习如何进行和解对谈。而且在这三四天里，你们都还有机会回想造成冲突的原因，了解整件事的来龙去脉，可以自己决定要何时讨论它。不过我想星期五晚上是最好的，因为如果你们因此而和解，接下来就可以共度一个很美好的周末。

在约定好之后，你就得不断地练习念念分明地呼吸，并观照愤怒的根源。不论你是在开车、走路、做饭或洗东西，都要持续地以正念拥抱愤怒。这么一来，你就有机会深刻地观照愤怒的本质，然后会渐渐发现造成痛苦的主因原来是内心那颗生气的种子。你那么生气，是因为这颗种子太常被自己与其他人所灌溉了。

愤怒以种子的形式存在我们的内心，爱与慈悲的种子也是如此。在我们的意识中，总是潜藏着各种负面与正面的种子。**修行的目的，就是要避免灌溉负面的种子，而能辨认出正面的种子，并且每天持续地灌溉它们。这就是爱的修行**。

有选择性的灌溉

你必须以“有选择性的灌溉”（selective watering）来保护

自己与所爱的人。对你所爱的人说："亲爱的！如果你真的关心我、爱我，请不要每天灌溉我负面的种子。如果你继续这么做，我会很不快乐；如果我不快乐，就会使你不快乐。所以，请帮助我，不要灌溉我内心愤怒、不耐烦、苦恼与绝望的种子。我也向你保证，我会很小心地不去灌溉你的负面种子。我知道，只要灌溉你的负面种子，你就会很不快乐，而我也会因此受苦。因此，我发誓，我只灌溉你内心那些爱、慈悲与善解人意的正面种子。"

在梅村，我们称这种修行为"有选择性的灌溉"。如果你是个易怒的人，那是因为内心那颗愤怒的种子长期得到灌溉，是你允许它接受灌溉的。你从未与周围的人协定只灌溉好的种子，并保护自己。如果你不能保护自己，也就无法保护所爱的人。

每当我们拥抱愤怒，好好地照顾它时，心就能获得些许的解脱。如果我们继续深入地观照，就会渐渐得到一些新的体悟。第一个体悟可能是，心中那颗愤怒的种子实在太大了，它正是造成痛苦的主因。一旦看到这个事实，我们就会发现原来对方只不过是次要的原因而已，并非让我们生气的主因。

如果我们继续深入地观照整件事，就会清楚地看到那个使我们生气的人，其实也深受其苦。**一个内心痛苦的人也会带给周围的人许多痛苦，因为他不知道如何处理自己的痛苦，如何**

拥抱与转化它，所以痛苦只会不断加深，而身旁的人都不曾帮助他。我们都未做到有选择性的灌溉。如果曾试着每天灌溉内心正面的种子，就不会是今天这个样子了。

有选择性的灌溉非常有效，只要一小时就可以让事情产生很大的转变。如果你愿意花一小时灌溉别人内心的花朵，就可以让它重新绽放，而这并不困难。

浇花

几年前，有对夫妇从法国西部波尔多到梅村参加佛法讲座。那天我们正在庆祝佛诞①，我所讲的题目正是“有选择性的灌溉”，当我讲课时，发现那位妻子坐在后面暗暗饮泣。演讲结束后，我慢慢地走近她的丈夫，告诉他：“你的花很需要你的灌溉。”他很快就明白我的意思。在回家的路上，他开始灌溉妻子内心正面的种子，他们大概只花了一个小时又十分钟回到家。当打开家门时，孩子惊讶地发现母亲今天晚上很不一样，她显得神采奕奕、笑容满面，她已经很久没有如此了。

其实，这位妻子的内心有很多美好的种子，可是丈夫一直未察觉、灌溉它们，只是一再地为她的负面种子浇水，这完全

---

① 即佛的诞辰。相传释迦牟尼在农历四月八日诞生，故称此日为佛诞。

是因为他不懂如何修行。他并非没有能力灌溉妻子的正面种子，其实他可以做得很好，只是必须到梅村来，让我们提醒他修行的方式，而且他需要心灵导师的鼓励。所以，大家一起共修是很重要的，你需要与僧团、师兄、师姊、朋友们一起修行，来提醒你这些已经知道的事。虽然佛法就在你心中，它也需要灌溉。唯有平日灌溉，它才会在你需要时显现在面前，而成为真实。**如果你真的能灌溉所爱的人心中的正面种子，他就不会带给你那么多痛苦了。因此，你必须为自己所受的痛苦负部分的责任。**

回家帮助你所爱的人

在星期五的约会前，你一定要先深入地观照整件事，才能了解自己在冲突中所扮演的角色。不要责怪对方，你必须先认清一个事实，内心那颗愤怒的种子才是造成痛苦的主因，而对方只不过是次要的原因而已。

当你开始了解自己在冲突中所扮演的角色时，心就会获得许多解脱。你又可以念念分明地呼吸，能拥抱愤怒，并慢慢地释放内心负面的能量，只要 15 分钟的修行，你就会觉得舒服多了。

但是，当你的心获得解脱时，对方可能还陷在自己的负面情绪中而痛苦不堪。她是你所爱的人，是你的花朵，你已经承诺要好好照顾她，所以对她有责任。你知道必须为她现在这样子负部分的责任，因为你未好好地修行，未照顾好花朵。有了这样的想法后，你会开始同情她，有股想回家帮助她的冲动。想想看，这个人对你那么重要，如果连你都不想帮忙，还有谁会来帮助她呢？

一旦生起要回到她身边帮助她的冲动，你就知道所有愤怒的能量都已转化成慈悲，修行已开花结果，那些肥料、垃圾都已转化成花朵。整个过程需要花费的时间长短（15 ~ 60 分钟），取决于你专心与保持正念的程度，以及在修行的过程中所获得的智慧与体悟。

如果你在星期二就有新体悟，也认识到自己的责任，即使这时离星期五还有 3 天，为了不让对方再继续担心，你应该马上打电话给她："亲爱的！我现在已经觉得好多了。我突然了解，原来我是自己错误认识的受害者，我很清楚地看到，是我让我俩受苦的。请不要再担心星期五晚上的约会。"你会这么做，因为你爱她。

我们大部分的愤怒都是由错误的认识所产生。所以，观照痛苦的成因时，只要一发现生气是由于自己的误会引起的，就得立刻告诉对方。因为事实上，对方并不想使你受苦，也不想伤害你，但是基于某个原因，你深信他要使你受苦。每个人都得练习深入观照心念，无论我们作为父母、子女或伴侣。

你确定自己是对的吗？

曾经有个男人必须离家一段很长的时间，在他离开前，并不知太太已怀孕，等到他回家时，孩子已经出生。他一开始就怀疑孩子不是他的，而且认定是常来帮忙的邻居与自己太太所生。他总是满怀疑心地看着小男孩，他恨孩子，因为在孩子的脸上看到邻居的脸。有一天，他的弟弟第一次来访，当第一眼见到孩子，就对哥哥说："他简直与你长得一模一样，根本就是你的复制品嘛！"这句话去除了他长久以来的错误认识，而这认识已经占据他的心达 12 年之久，不但使他太太深受其苦，也让小男孩因父亲的怨恨而痛苦不堪。

我们常依着错误的认识在行事，其实不该如此肯定自己的看法是正确的。当看到美丽的太阳，你可能认为太阳就是现在这样子，但是科学家会告诉你，那是它 8 分钟前的样子。因为地球与太阳相距遥远，阳光需要花 8 分钟才能到达地面。又如当看着天上的星星时，你相信它就在那里，但事实上它可能在一千年、两千年或一万年前就已经消失了。

我们必须非常小心地看待自己的认识，否则就会因此而受苦。你可以试着在纸条上写："你确定吗？"然后贴在房间，这将对你有很大的帮助。你是否注意到在大型医疗院所里，也开始挂上这样的标语："即使你很确定，请再检查一次。"这是提醒病人愈晚发现疾病就愈难治疗的警语。虽然医院所关心的是那些潜伏的疾病，而非内在的心行，但我们还是能利用这标语提醒自己："即使你很确定，请再检查一次。"我们常因错误的认识而使自己痛苦，也把所爱的人一起推入痛苦的深渊。因此，问问自己，你确定自己是对的吗？

有些人因为错误的认识而痛苦了十几、二十年，他们相信别人背叛或厌恶他们，即使对方可能只是出自一番好意。一个错误认识的受害者，不但使自己痛苦，也连累了周围的人。

所以**当生气、痛苦时，请回到自己，深入地检视认识的内涵与本质，检视所相信的事**。**如果能去除错误的认识，祥和与幸福的感觉就会在心中浮现，而你又有能力重新爱别人了**。

一起观照愤怒

当对方看到你在尽力检视自己生气的原因时，也会产生想要修行的动力。当她开车、做饭时，会问自己："我到底做了什么，说了什么，让他那么痛苦？"然后也会深入地观照自己。她知道，一定是她做了什么事让你如此痛苦，而开始怀疑是否真的不用对你的痛苦负责。如果她发现其实是她说的话或做的事不小心伤害了你，那么她就应该打电话或传真向你表达歉意。

如果你们都在深入观照的这个星期中有所体悟，就不用等到星期五才沟通。你们可以把星期五晚上当作特别的夜晚，一起坐下来享用一顿美好的晚餐、喝杯茶、吃点美味的蛋糕。你们可以为彼此真挚的爱情而庆祝。

和对方分享，即使是很困难的事

如果你们在一个星期里都没有成功，那么星期五晚上就是练习倾听与说爱语的时间了。生气的那个人有权利告诉对方自己在想什么，如果你不是那个生气的人，就坐着静静地倾听，因为你已经允诺要来倾听，而不是立刻给对方响应。你慈悲地倾听，不评断、不批评或分析，让对方放心地说出自己的感觉，并且从这个过程中获得心灵的解脱。

如果你是那个生气的人，当向对方述说自己的痛苦时，有权利说出心里所有的感受，而且这是你的责任，对方有权利知道所有的事。你们已经答应对方要坦诚相对，就应该将所有的想法讲出来。但是有个条件，你必须以平静、充满爱意的语言表达。当你开始感到不耐烦，觉得快失去冷静与诚意时，请停下来并告诉对方："亲爱的！我现在无法继续说下去，我们可以找其他时间再谈吗？我需要再练习念念分明地走路与呼吸。现在我觉得不太舒服，我想我无法好好地说出爱语。”对方一定会同意将这个聚会延期，或者下个星期五再试试看。

如果你是那个倾听的人，也要练习念念分明地呼吸。为了能好好地倾听，你必须借着念念分明地呼吸来清除内心所有的念头与想法，以慈悲心倾听，全心全意地帮助对方获得解脱。你的内心就有颗慈悲的种子，当见到对方如此痛苦时，它就会显现在你的面前。所以你要发愿成为那个谛听众生之苦的伟大存在，也就是大慈大悲的观世音菩萨。他一定是个真实存在的人，而不仅是个概念而已。

有了慈悲心，你就不会犯错

你只有忘记对方正在受苦时，才可能犯错。我们都很容易相信自己是唯一受苦的人，而对方正因为我们痛苦而幸灾乐祸。当你相信自己是唯一受苦的人，而对方都毫无感觉时，就会说出或做出卑鄙残忍的事。但是一旦你认识到对方也正在受苦，就能扮演好观音菩萨谛听众生的角色，开始对他产生慈悲心，而且能在倾听的过程中不断地保持。你成了他最好的心理医生。

当对方倾吐心声时，他可能很喜欢评断是非，或责怪、惩罚别人，他甚至可能是个尖酸刻薄、愤世嫉俗的人。但是由于你心怀慈悲，他的言语并不会影响你。**慈悲的甘泉多么美好啊！如果你下定决心要长养慈悲心，就能获得保护。对方所说的话就不会激起你的愤怒或不耐烦，因为慈悲是愤怒最好的良药，没有什么比它更能治愈愤怒了**。所以，培养慈悲心是种很好的修行。

但只有真正的了解，慈悲才可能生起。那么，到底要了解什么呢？我们要了解对方正在受苦，而自己必须帮忙。如果我们不想帮忙，还有谁会来帮忙呢？可能在你用心倾听时，会发现对方有很多错误的认识，但还是得继续保持慈悲心，因为你知道她只不过是个错误认识的受害者罢了。如果试着纠正她，只会打断她，使她无法继续完整地表达自己。所以，**你就坐在她身边，专注地倾听，以所有的善意倾听，这将带来很大的疗效**。

如果你很想帮助她改变错误的认识，就必须等待正确的时机。当你倾听时，唯一的目的就是让她有机会说出心里的感受。你什么都不必说，只要好好地倾听，因为今天晚上是要让她说话的。过了几天，等她心情好一点之后，可以试着给她一些暗示，让她知道真的需要改变错误的认识。“亲爱的！那天你说了一些事，但事实上情况并非如此，因为……”请用爱的语言告诉她，如果需要的话，可以找个比较了解情况的朋友来描述当时的情况，这样才能帮助她从错误的认识中解脱。

耐心是真爱的标记

愤怒是真实存在的感觉，它会生起，也需要时间平息。即使你有充分证据能向对方证明他的愤怒完全是来自错误的认识，你还是不能立刻干预他的感觉。愤怒就像渴望、嫉妒与悲伤，也需要时间平息。即使他已经完全了解是自己的误解，也无法立刻平息怒火，就像把电风扇关掉，风扇由于惯性仍会持续转几圈才会停止一样，愤怒也是如此。所以，不要期待对方立刻息怒，那太不切实际了，你必须让愤怒慢慢止息，不要去催促它。

耐心是真爱的标记。父亲必须对儿女充满耐心，才能让孩子们感受到他的真爱。身为母亲、为人子女者，也是如此。如果要爱一个人，就要学会有耐心地对待他；如果没有耐心，就无法帮助别人。

你也要对自己有耐心，练习拥抱愤怒需要时间。虽然以 5 分钟练习念念分明地呼吸、走路与拥抱愤怒，可以给你很大的帮助。如果觉得 5 分钟不够，就花 10 分钟；如果 10 分钟不够，就花 15 分钟。给自己足够的时间拥抱愤怒，不要心急。练习念念分明地呼吸与在室外走动，都是拥抱愤怒的好方法。

慢跑则是另一种方法，这就像煮马铃薯，必须让火燃烧 15 ~ 20 分钟才能煮熟，你不能生吃马铃薯。所以，你必须把愤怒放在正念的火上烹煮，这可能会花 10 ~ 20 分钟，也许更久也说不定。

获得胜利

当煮马铃薯时，必须盖上锅盖，避免热气散出，就像禅修时必须集中精神一样。所以，当你练习以走路、呼吸照顾愤怒时，不要做任何其他事，例如听广播、看电视或读书。你把锅子盖好，只专心做一件事。你必须专心地练习行禅，念念分明地走路，然后以百分之百的专注拥抱愤怒，就如同在照顾婴儿一般。

经过一段时间的拥抱与观照，正念就会生起。愤怒将慢慢消失，你会觉得越来越好，然后想回到对方的身边。当你掀起锅盖时，马铃薯就会香气四溢，这时愤怒已经被转化成爱与慈悲的能量了。

转化愤怒是可能的，就像郁金香在阳光充足时绽放，让心接收阳光的能量。愤怒也是一种花，必须以正念的阳光拥抱它。让正念的能量融入愤怒的能量里，再维持 5 ~ 10 分钟的正念，就可以转化愤怒了。

愤怒、嫉妒、绝望等负面的情绪，对正念都很敏感，它们对正念就如同植物对阳光的敏感。只要培养正念，你就能治愈身心的疾病，因为正念是佛陀的能量。在基督教中，耶稣具有上帝的能量，圣灵就在他的身上，所以他可以治愈那么多人，这种可以治愈别人的能量被称为“圣灵”。在佛教里，这种能量称被为佛陀的能量、正念的能量。

正念里有专注、了解与慈悲的能量。因此，修习佛教的禅坐，就能聚集带来专注、了解、慈悲、爱与幸福的能量。每个在禅修中心的人，都在练习聚集正念，因此我们可以提供一个巨大而集中的正念能量区。它可以帮助我们保护自己以及那些与我们相聚的人。

只要一炷香的时间，我们就会发现自己有能力照顾愤怒，并为自己与所爱的人取得胜利。当失败时，只是我们与所爱的人失败了，但当我们取得胜利时，也为其他人取得了胜利。所以即使另一个人不知他可以如此修行，我们也可为自己与他而修行。不要等待别人来为你修行，你可以同时为你们两人修行。

快乐心语

- “正念”就是活在当下，清楚地觉察周围所发生的一切。

- 修行的基础在于对“不二”与“非暴力”的洞察。一旦有所洞察，你就会懂得如何温柔地对待自己的身体、愤怒与绝望。

- 如果你对自己都不能慈悲，那么你又岂能对他人慈悲?

- 爱语是一种布施[①]行为。当我们以慈悲心出发时，就可以通过自己慈爱的语言而给其他人带来快乐。

- 倾听是解决问题的基础。解决问题意味着把安详和幸福带给家人、社会以及其他民族。

- 每当我们拥抱愤怒，好好地照顾它时，心就能获得些许的解脱。

- 我们的伴侣也是一朵花。如果我们照顾好，花儿就会

① 是一种付出，即以自己所有，普施一切众生。

长得很美丽，否则就会渐渐地枯萎。要想使一朵花长得好，我们必须了解它的习性，例如需要多少水与阳光。

- 如果你不理解，你就不会如法地爱。没有理解，你的爱可能只会使对方感到痛苦。

- 观照痛苦的成因时，只要一发现生气是由于自己的误会，就得立刻告诉对方。

- 我们练习“止”与“静”就是为了给自己，也给那些我们所爱的人提供空间——不管是内在的或外在的。

- 如果能去除错误的认识，祥和与幸福的感觉就会在心中浮现，而你又有能力重新爱别人了。

- 借着你们对彼此的爱，通过学习使一个人幸福的艺术，你们学会了表达自己对整个人类和所有生命的爱。

- 为了能好好地倾听，你必须借着念念分明地呼吸来清除内心所有的念头与想法，以慈悲心倾听，全心全意地帮助对方获得解脱。

- 慈悲是愤怒最好的良药，没有什么比它更能治愈愤怒了。

- 愤怒是个真实存在的感觉，它会生起，也需要时间平息。你也要对自己有耐心，练习拥抱愤怒需要时间。

- 正念里有专注、了解与慈悲的能量。

第五章

慈悲的沟通

慈悲倾听的目的，不是要分析或验证所发生的事，而是希望对方的心能获得解脱，有机会说出心里的话，感受到终于有人真正了解他。

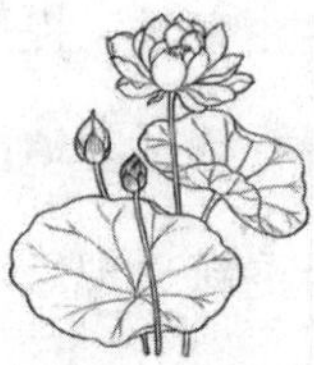

可能曾经有段时间，你觉得自己完全无法与父母沟通。虽然同住在一个屋檐下，但彼此的距离却非常遥远。在这种情况下，父母与子女都在受苦，因为你们相信彼此之间只剩下无尽的误解、恨意与隔阂，而忘了其实你们还有许多共同点，还是能相互了解、原谅与关爱对方。因此，认识到人人心中都有正面的能量是非常重要的，这可以帮助我们免于受到其他负面能量的控制。

乌云背后的阳光

下雨时，我们总以为太阳不见了，此时若坐上飞机，穿越云层，灿烂的阳光又在眼前，这才明白阳光其实永远都在。同样的，**当我们感到愤怒、绝望时，爱其实也还在心里，与人沟通、原谅和善待他人的能力，仍然存在**。你要相信我们都有爱、了解与慈悲的能力，能超越自己的愤怒与痛苦。一旦明了这点，下雨时便不再绝望了。你知道虽然现在在下雨，但阳光仍在乌云背后，等雨停了，很快又会照耀大地，所以我们要满怀希望。当你与别人发生冲突时，提醒自己，内心仍保有那些正面的种子，你就会相信有突破困境的可能。只要一突破，两人心中最美好的特质又会重新显现。

修行就是为了这一刻，帮助你用心接触阳光、佛陀，以及心中美好的特质，从困境中转化自己。你可以用任何在心里较熟悉的名称，来称呼心中这美好的特质。

你必须深信，自己有能力保持内心的宁静。训练自己相信，佛的能量就在心中，而唯一要做的，就是呼唤这能量来帮助自己。你可以用念念分明的呼吸、走路或静坐，来呼唤它。

训练自己倾听别人的想法

沟通是一种修行，必须有很好的禅修才能做到良好的沟通。光有诚意是不够的，你必须学会如何正确地沟通。也许你早已失去倾听别人的能力，而这可能是因为他说起话来总是尖酸刻薄，或谴责、怪罪别人。你无法再忍受，不想再听了，于是想逃避，你已无力再倾听他说话了。

你由于恐惧而逃避，不想再让自己受苦。但如此一来，却加深了他对你的误会，觉得你鄙弃他，这只会使他更加痛苦；你可能还会给他一种要联合别人抵制他，或刻意忽略他存在的印象。你无法面对他，却也无法逃避。所以，唯一的解决方法，就是训练自己能重新与他沟通，而谛听正是开启沟通之门的那把钥匙。

许多人内心都充满苦恼，觉得自己的处境无人能理解。每个人都来去匆匆，似乎找不到可以坐下来倾听的人，但我们是多么需要有个人能倾听自己说话。

在现代社会中，接受训练而成为心理医生的人，责任就是坐在那里倾听，让人可以完全地打开心门。他们必须认真地倾听病人，才能成为真正的心理医生。**一个好的心理医生，一定会全神贯注地倾听病人的痛苦，而不对病人带有任何歧视或价值判断。**

我不知道心理医生如何训练自己具有这种倾听的功夫，事实上，很多心理医生内心也非常痛苦。当他坐下来倾听时，内心痛苦的种子也获得灌溉。如果他因而被自己的痛苦所淹没，又如何能好好地倾听他人的痛苦呢？因此，如果你准备当心理医生，一定要学会如何谛听。

所谓“全神贯注地谛听”，是让对方感觉到你是用心在听他说话，必须让对方知道你真的理解他且是用“心”聆听。有多少人能如此做呢？大部分的人都会同意，我们必须用心倾听，才能听到对方想说的话；我们也都同意，应该让对方感觉到我们听到他所说的话，而且完全地了解，唯有如此，他才能获得解脱。但是，能如此倾听的有几人呢？

用倾听帮助别人解脱

慈悲倾听的目的，不是要分析或验证所发生的事，而是希望对方的心能获得解脱，有机会说出心里的话，感受到终于有人真正了解他。**“谛听”是种倾听的方式，帮助我们在听别人说话时，不断地保持慈悲心**，这个过程大约需要 30～45 分钟。这时，你心里只有一种想法与希望——让对方有机会表达自己，因而减轻内心的痛苦，这就是你谛听的唯一目的。其他那些对事实的分析与了解，只不过是谛听的副产品罢了，最重要的是，要用慈悲心倾听对方。

慈悲心是愤怒与痛苦的解药

如果在倾听时，能不断地保持慈悲心，愤怒与不耐烦就无法生起，否则对方所说的话就可能激怒你，让你生气或痛苦。只要心怀慈悲，就能免于恼怒、生气或失望。

当倾听时，你希望自己能如观世音菩萨一样谛听。但即使你很清楚对方正饱受痛苦，且现在就需要你的解救，你还是得先装备好自己，才能好好地谛听他人的苦痛。

就像消防队员一定要有正确的装备，如梯子、水与消防衣，且必须掌握许多自我保护的方法，才能去灭火。当你谛听受苦的人时，就如同走进火圈，痛苦与愤怒的火焰正燃烧着你要倾听的那个人。如果你未具足装备，不但无法帮助他人，还会成为对方内心之火的受害者，这就是为何需要装备好的原因。

当倾听时，需要的装备就是慈悲，你可以用念念分明的呼吸来维持与滋养它。当念念分明的呼吸所聚集的正念，就能让帮助对方倾吐心事的动力源源不断。那么即使对方说话尖酸刻薄，充满责难、批判，由于不断地练习念念分明的呼吸，你便受到慈悲心的保护，陪伴在他身边一小时，也丝毫不以为苦。慈悲心不断地滋养你，帮助你扮演菩萨的角色，让你知道自己正在帮助别人减轻痛苦，你一定会是最成功的心理医生。

慈悲来自快乐与了解，当有慈悲心与深刻的了解，你就安全了。对方所说的话不会带给你痛苦，你因此能做到深入地倾听。当无法以慈悲心倾听对方时，就不能假装在听，他一定会发现你内心也充满痛苦的念头，并未真正了解他。但如果真正了解，就能以慈悲心谛听，而倾听的质量就是你修行的成果。

滋养自己

接触他人的痛苦，不但可以滋养慈悲心，也能让我们在幸福出现时，知道它就在那里。如果我们未受过苦，就无法知道真正的幸福是什么。接触人生的苦痛，正是我们要修行的功课，但每个人都无法超越自己的极限。

我们要好好地照顾自己，如果听了别人太多的痛苦与愤怒，自己也难免受到影响，如果接触到的只有痛苦，没有任何正向的事物，内心的平衡就会受到破坏。因此，我们平时就得修行，如此才能接触那些不会传递痛苦的事物，例如天空、飞鸟、绿树、花朵或孩童，接触那些能在内心或生活里使人焕然一新并获得安慰和滋养的事物。

当你在痛苦或担忧中迷失自己时，让朋友来帮助你，他们可能会说："你看！今天早晨的天空多美丽啊！虽然有点雾，但真的很美！这不就是我们梦想的天堂吗？你何不回到当下，与我一起享受这样的美景呢？"如果你正与懂得如何让自己快乐的师兄、师姊们在一起，他们就能帮助你走出困境，重新接触生命中正面、积极的事物。这就是自我滋养的修行，是非常重要的。

人生如此短暂，我们每天都应该以快乐、平静与慈悲的心，让生活过得深刻。每天早晨，我都会在佛前点一炷香，在心底许诺：我要好好地享受这一天。幸好平时我在练习念念分明的呼吸与走路，因此，能深刻地享受生活中的每一刻。念念分明的呼吸与走路就如同两位好友，带领我探求当下，发现生命的奇迹。

我们的内心都需要适当的滋养，聆听钟声就是件令人愉悦的事。在梅村，当有人在敲寺里的大钟时，每个人都会停下手边的工作、交谈或思绪，钟声于是成为敲醒正念的晨钟。只要钟声响起，我们就全身放松，慢慢地回到呼吸上，接着会感到自己又真实地活在当下，体验生命的惊喜。很自然的，我们会满心欢喜地停下脚步，而非僵硬地站在那里。然后，再慢慢地、念念分明地呼吸三次，感谢能活得如此真实。当我们停下脚步，开始重新找回内心的宁静与祥和时，心又变得自由，我们会开始喜欢自己的工作，而周围的人也变得愈来愈真实。

随着钟声停下来，慢慢呼吸的修行方法，是帮助你在生活里接触美好的、滋养的元素的好例子。虽然可独自练习，但跟着僧团一起做会更容易——僧团永远都在等着你。当你迷失在痛苦中时，僧团帮助你重新看到生命积极的一面。

此外，**了解自己的极限也是种修行，即使你是位心灵导师，有能力倾听别人的痛苦，仍须知道自己的极限**。你必须享受行禅，享受所喝的茶与别人的陪伴，如此心才能得到足够的养分。要真正地倾听别人，一定得先照顾好自己，一方面每天都获得适当的养分，另一方面也要培养慈悲心，如此才能让自己准备好倾听别人。你要扮演的是菩萨的角色，菩萨内心有无尽的喜悦，能将人们从痛苦中解救出来。

你的孩子就是你

为人父母的你，必须懂得倾听自己的儿女，这点很重要，因为你的儿女就是你，孩子就是你的延续。如果与儿女发生冲突，最重要的就是重建你们之间的沟通管道。如果你的心脏功能不好，胃也不太健康，你不会想把它们割除或丢弃，而说："你不是我的心脏，我的心脏不会这么做！你不是我的胃，我的胃不会这么做！我以后与你无关。"这样太愚蠢了。同样的，如果你对子女如此说话，也非常不明智。

怀胎十月时，你可以感受到自己与胎儿是一体的，会对他说："安静一点，亲爱的！我知道你在那里。"**对他说许多爱语，并开始注意饮食——你吃喝什么，孩子就吃喝什么；你的担忧与快乐，就是他的担忧与快乐，你与他完全是一体的**。

当孩子出生，医生剪断脐带时，一体的感觉会逐渐淡去。等到儿女十几、二十岁时，你就完全忘记他就是你了。如果把他当作是与你分离的个体，你们的关系就开始出现问题了，就如同你的胃、心脏或肾出了问题一般。如果你相信他只是另外一个人，与你完全分离，你会很自然地对他说："走开！你不是我儿子，他不会做这种事！"但是你无法如此对胃、心说话，所以，你也不能这样对儿女说话。佛陀说："这个世界没有任何分离的个体。”你与儿女都是世代祖先的延续，都是同一条生命长河的一部分。孩子做的每件事都会深深地影响你，就像他们在你的子宫里一样。同样的，你做的每件事也会深深地影响他们，他们永远无法与你截然分开。你的快乐与痛苦是孩子的快乐与痛苦；他们的喜怒哀乐，也是你的喜怒哀乐，所以一定要尽力重建沟通。

与你的子女开始对话

困惑与无知让我们总是相信自己是唯一受苦的人，而儿女并未受苦。但事实上，**只要你受苦，孩子也会受苦，他们身上的每个细胞都有你，任何的情绪、想法都是你的情绪与想法**。所以，记得你与儿女是一体的，开始与他们对话吧！

或许过去你疏于照顾自己，以致现在常常胃痛，并且饮食方式的选择与易于担忧的特质，都为心脏、肠胃带来很大的负担，因此你必须为自己的心脏、肠胃负责。如果以同样的方式来看待与子女的关系，你就会发现必须为子女的痛苦负责。我建议你，用以下的方式与孩子沟通是比较有智慧的：“我亲爱的孩子啊！我知道这么多年来，你已经受了很多苦。当你感到痛苦时，我也觉得很难过。看到你在受苦，我怎么快乐得起来呢？因此，我发现其实我们都在受苦，我们可以一起来改变这样的情况吗？可以找出解决的方法吗？我们谈一谈，好不好？我真的希望能重新开始与你沟通，但是光靠我一个人，实在无法改变什么，我需要你的帮助。”

如果你能用这种方式与孩子说话，情况就有可能转变，你已经知道如何用爱语与他们沟通，而你所说的话都是出自对他们的爱，以及对事实的了解与领悟。当你真正了解你与孩子是相连的个体，你们的快乐与幸福绝非个人的事，这将为你们带来很大的影响。因此，你对他们所说的话，一定是出自爱与了解，以及你对世间无分离个体的认识。你很清楚儿女今天会变得如此，因为你就是如此，你们是相互依存的；同样的，你今天会如此，因为儿女就是如此，你们无法分割。

以正念的生活方式来训练自己，你才有足够的能力重建与孩子之间的沟通。你对孩子说：“亲爱的儿子！我知道你就是我，你就是我的延续。当你痛苦时，我也无法快乐。所以，让我们一起来解决我们之间的问题吧！请你帮助我。”儿子也可以试着以这个方式与父亲说话。当儿子经由正念的修行，深刻地体会到父亲的苦时，他也不可能快乐，从而了解到没有分离的个体，如此才能学习如何与父亲重新开始交谈，进而付诸行动。

爱侣之间也可以用这种方式重建沟通。记得过去当你们决定生活在一起时，便已经发愿要成为生命的共同体，真心承诺对方，要分享彼此的快乐与痛苦。所以，现在告诉你的伴侣，你需要他的帮助来重新开始彼此的关系。而这个新的开始，只是为了延续你们过去的承诺。我们每个人都能这样温柔地与别人说话，如此深刻地倾听别人。

情书

有位法国女士，一直收藏着先生过去写给她的旧情书。在结婚以前，他曾经写了很多动人的情书给她。每次收到信，她都会细细地咀嚼信里的字句——他的信是那么甜蜜与贴心，字里行间情真意切。每当读完信，她总会幸福地把它们保存在饼干盒里，但是她已经很久没有打开它了。某天早上，当她在整理衣柜时，突然发现这个饼干盒，其中的信收藏着她俩年轻时最美好的时光。她记得他们曾经如此相爱，且相信如果没有对方，生命就无法继续。

但过去几年来，他们都觉得非常痛苦，不愿看到彼此，也不想与对方交谈或写信。就在她发现饼干盒的前一天，先生出差去了。他平日在家时一点都不快乐，因此非常期待能在旅途中找到乐趣。她很清楚他的想法，当他说要到纽约开会时，她说："如果你有工作要做，就去吧！"对这样的情况，她已经习以为常了。结果他未照原定计划回家，打电话告诉她："我得在这里再待两天，还有些事要处理。”她很快就答应了，因为即使他在家，她也一样不快乐。

挂上电话后，她开始整理衣橱，结果她发现了饼干盒。这种饼干盒是专门用来装法国名牌饼干的，她对里面的信非常好奇，她已经许久未曾打开。她放下鸡毛掸子，打开了盒子，感觉到某些非常熟悉的东西。她打开其中一封，站在那里阅读起来。多甜蜜的信啊！他的言词体贴，充满爱意。就在那一瞬间，她整个人都不一样了，心仿佛是干涸的土地蓦然得到雨水的滋润，欣喜无比。她又打开另一封信，每一封信都那么美好。最后她把盒子拿到桌上，坐下来一封封地读，直到将里面的46封信读完为止。长久以来，她心中的快乐种子还在，虽然已被太多的痛苦覆盖，但仍然还在。当她读着他年轻时因深爱她所写的信，内心深处的快乐种子又得到了灌溉。

当你有这样的体验，就灌溉了深藏在意识底层的快乐种子。在过去几年中，他未曾对她说过这样的爱语，但现在展读这些信，她再度感受到他过去的那些甜言蜜语了。对他们而言，快乐曾如此真实，但为何现在却活在痛苦的炼狱中呢？她几乎忘了他曾经如此和她说话，但这些都是真的，他曾那样温柔地对她说话。

第五章
慈悲的沟通

灌溉你的快乐种子

就在短短的一个半小时中，那些信灌溉了她的快乐种子。她发现他们两人现在都不知如何善待对方，只是一直灌溉彼此心中痛苦的种子，却未灌溉快乐的种子。读完这些信后，她感动地想要坐下来写信告诉他，过去他们在一起时，她是多么快乐，而且希望一起再找回快乐的时光。现在她又想真心地呼唤他一声："亲爱的！"

她花了45分钟写了一封真正的情书给他。信上写着："这封信要寄给'那个写下我饼干盒里的信的英俊男士'。"她花3小时读完他的信，然后写信给他，对她而言，这3小时就是修行，即使她并未意识到自己正在修行。写完信后，她突然感到无比轻松，虽然还未把信交给他，但她已经觉得好多了，心中快乐的种子已被唤醒，获得灌溉了。她上楼，把信放在他桌上。此时，她觉得非常快乐，这些信已经浇灌了心中的正面种子。

当她读着过去的情书，然后写信给他时，她脑海中开始产生了一些新的想法。她发现两人都不太懂得如何处理彼此间的问题，也不知如何维持快乐，而在自己的言行中，都慢慢地给对方建造了一座地狱。虽然两人曾发誓要如家人、爱侣般相伴到老，但如今他们一点都不快乐。现在她了解问题的所在了，她相信只要两人一起修行，一定可以找回快乐。她内心充满希望，不再为过去几年来所受的苦而烦恼。

当他回到家时，走上楼看到桌上那封信。信上写着："我应该为我们所受的痛苦负一部分的责任，我们都失去了应得的快乐，让我们重新开始沟通吧！把和谐与快乐再变为可能吧！"他花了很长一段时间把信读完，深入地观照信上写的每句话。虽然他完全未意识到自己正在禅修，但这就是他正在做的事。因为当他读信时，内心快乐的种子也得到了灌溉。他在楼上待了很久，深入地观照，慢慢地也领悟到与太太相同的想法。由于这件事，他们都有机会再重新创造幸福。

现在许多的情侣们都已不再写情书给对方了，他们只会拿起电话说："你今晚有空吗？可以一起出去吗？"就这样一通电话，他们便没有什么好说的了，这是件很可惜的事。我们都应该学习如何再开始写"情书"给我们所爱的人，他们可能是我们的父亲、儿女、母亲、姊妹或朋友，我们花点时间写下对他们的爱与感激。

微笑的魔力

你有很多方法可以重启沟通之门。如果你觉得与儿子沟通十分困难，那么你不妨先花一两天练习念念分明地走路与呼吸，然后坐下来写封信给他。你可以用这样的方式和他说话："亲爱的儿子！我知道你受了很多苦。身为你的父亲，我实在应该负一部分责任，因为我不懂得如何将自己最好的一部分传给你。我知道你一直无法告诉我所受的痛苦，但我希望这样的情况可以开始改变，我很想给你我全部的支持。让我们帮助彼此，试着一起改善我们之间的沟通吧！"你必须学习以这样的方式与你所爱的人说话。

慈悲地倾听与说爱语可以帮助我们脱离痛苦的困境，这就是身为修行人所能展现的奇妙之处。你也一定做得到，在你的意识深层里就有足够的宁静、慈悲与了解，能帮助你脱离苦海，你必须让心中美好的特质来帮助自己，呼唤心中的佛陀。只要有个深爱你的朋友，他就可以帮助你，重建与他人的沟通。

快乐心语

- 当我们感到愤怒、绝望时，爱其实还在心里，与人沟通、原谅和善待他人的能力，仍然存在。

- 你必须深信，自己有能力保持内心的宁静。训练自己相信，佛的能量就在心中。

- 所谓全神贯注地谛听，是一种让对方感觉到你真的在听他说话的倾听。

- 慈悲地谛听的目的，不是要分析或验证所发生的事，而是希望对方的心能获得解脱。

- 慈悲来自快乐与了解，当有慈悲心与深刻的了解，你就安全了。

- 接触他人的痛苦，不但可以滋养慈悲心，也可以让我们在幸福出现时，知道它就在那里。

- 人生如此短暂，我们每天都应该以快乐、平静与慈悲的心，让生活过得深刻。

第五章
慈悲的沟通

- 了解自己的极限也是种修行，即使你是位心灵导师，有能力倾听别人的痛苦，仍须知道自己的极限。

- 如果你的孩子不快乐、不微笑，你也就笑不起来了。当你迈出安详的一步时，这一步既是为你自己，也是为孩子们，更是为这个世界而迈的。

- 调解就是理解双方，向一方描述另一方正在忍受的痛苦。只有这样做，对和解才有很大的帮助。

- 以正念的生活方式来训练自己，才有足够的能力重建与孩子之间的沟通。

- 我们想占有我们所爱的事物，不希望任何人妨碍我们完全彻底地占有它。这种爱，给我们所爱的人建造了一座监狱，剥夺了他“成为他自己”的权利。

- 当我们看东西或听人说话时，往往并没有真正地在看和听。我们看到和听到的，都是自己的揣测和先入为主之见。

- 当我们了解了其人的特性后，就会对他或她的困窘、抱负、痛苦和焦虑了然于心。

- 当我们内心安详、快乐时，我们的安详、快乐就会弥漫整个宇宙；同样的，当我们内心充满憎恨、愤怒时，它们也会向四面八方扩散开来。

- 慈悲地倾听与说爱语可以帮助我们脱离痛苦的困境，这就是身为修行人所能展现的奇妙之处。

第六章

念诵“心语”

《心经》与智慧有关，你的“心语”也是如此，它以智慧提醒你，你并不是分离、独立的个体，也提醒你爱的智慧。

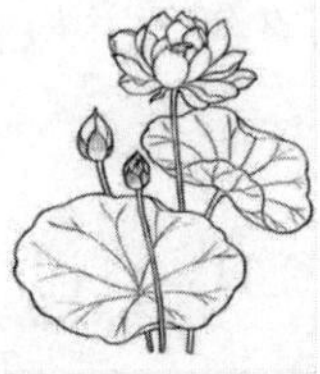

感恩的一刻，觉悟的一刻

有时我们会特别感激生命中的某个人，深深地感谢他的存在，那时内心会充满慈悲、感恩与爱。我们都曾在生命中经历过这个时刻，非常感谢他还活着，一直与我们在一起，在我们生命最困难时仍陪伴在身边。我建议你，当这一刻发生时，要好好地把握。

为了真正地享受这个时刻，你要到一个可以独处的地方，而非只是走到对方面前说："我很感谢你能与我同在。"这是不够的，你可以待会儿再做。这一刻，你最好到房间或安静的地方，让自己沉浸在充满感恩的情绪里，写下你的感觉、感谢与快乐。在半页或一页的纸上，尽情地表达所有的感觉，也可以录下来。

这充满感恩的一刻，也是觉悟的、正念的、智慧的一刻，这是你从意识深处所显现出来的。原来在我们内心深处就有这样的智慧与洞察，但生气时，感激的心与爱突然消失，仿佛不曾存在。所以，要将它写在纸上并保管好，时常拿出来再读一遍。

《心经》是一部佛教徒日常念诵的经典，是佛陀所有关于智慧的教导中最精华的部分。而你刚才所写下的字句，其实就是一部“心经”——它来自你的内心，而非菩萨或佛陀，是你的心语。

每天念一遍自己的“心语”

在那位把情书放于饼干盒里的法国女士身上，我们看到那些信拯救了她。在这个故事里，我们都可以有所收获。当你也用“心”读这样的信时，你也获得了拯救。你的救主不是来自身外，而是内心。你有能力去爱、欣赏与感激别人，这是一种福气。你知道自己有多么幸运，能遇见伴侣；又是多么幸运，有缘在生命中遇见心爱的人。为什么要让这真实的感觉飞走呢？它就在你心里啊！所以，每天要念一遍自己的“心语”。每天读它一次，每当你感受内心的爱与感恩时，就会再次感到喜悦，再次珍惜他的存在。

你必须独处，才能真正地感谢另外一个人的存在。如果你们形影不离，你会开始把他视为理所当然，而忘了他的美好。

所以，偶尔有3~7天的时间离开他一下，可以让你更加珍惜他。虽然相隔遥远，但是他对你而言，会比你们一直在一起时更加真实。在分开的这段时间里，你将重新体会到他是多么珍贵且重要。

所以，请写下你自己的“心语”或别的话，把它保存在一个秘密的地方。试着常常念诵你的“心语”，当愤怒占据内心，而你还未有足够的能力拥抱它时，你的“心语”会给你莫大的帮助。**把你的“心语”拿出来，深呼吸，然后一字一句地读出来，你很快就能回到自己，痛苦便减轻许多**。当好好地读过你的“心语”后，你就会知道应该如何响应，采取什么行动。最大的挑战是你是否愿意这么做，你必须创造那样的情境，去准备、计划、安排，才能从自己的智慧中获得真正的利益。请发挥自己的潜能去安排与创造如此的修行方式吧！

离开愤怒的此岸

你一直站在痛苦与愤怒的此岸，为什么不离开此岸到无瞋、祥和而自由的彼岸呢？那里比这里要快乐多了。为什么要花几个小时、一个晚上或几天的时间，让自己在愤怒中受苦呢？这里就有一条船，可以帮助你很快地到达彼岸。这条船就是练习如何回到自己，透过念念分明地呼吸，让我们能深入地观照自己的痛苦、愤怒与绝望，然后对它们微笑。当我们如此做时，便克服了自己的痛苦，到达彼岸。

别再停留此岸吧！别再继续做愤怒的受害者吧！你可以决定不生气，不生气是可能的。你就渡河到没有愤怒的彼岸去吧！那儿是清凉、喜乐、让人神清气爽的地方。不要再让愤怒压迫你了！给自己自由吧！让自己解脱吧！让老师、修行的朋友与自己的修行帮你渡河。就靠着这些船，向彼岸划去吧！

现在你可能正站在困惑、愤怒、怀疑的此岸，但是别待在这儿，到对岸去！靠着你的师父、师兄、师姊们，以及走路与呼吸时的修持、深入的观照，每天念诵自己的“心语”，可能只花几分钟，你很快地就可以过河了。**你有权利让自己快乐、发挥慈悲，并去爱别人。觉悟的种子就在你心里，借着修持，你可以立刻让它变成花朵，可以停止痛苦**。佛法是当下就能发挥效用的，比阿司匹林还要有效。

生气时，送给对方一份礼物

有时你对某人生气，即使用尽各种方法转化愤怒，但还是毫无用处，这时佛陀建议你送礼物给他。这方法听起来有点幼稚，但非常有效。当我们对某人生气时，会想伤害对方，但如果送礼物给他，正可以将愤怒转化成想使对方快乐的情绪。因此，当你对某人生气时，就寄礼物给他，寄出去后就会立刻停止生气。这方法简单却有效。

但请勿等到生气时才买礼物，你应该在对他充满感激、爱意时就去买。先把它留着，甚至可以奢侈地在抽屉里备着两三份礼物。以后当你生气时，就拿一个送给他。这方法非常有用，佛陀是非常有智慧的。

你明白了，就解脱了

当你生气时，会想减轻自己的痛苦，这是很自然的心理倾向。虽然有很多方法可以化解痛苦，但最大的内在解脱是来自了解。**当我们了解时，怒气就会自然消除；当你了解对方的处境与痛苦的本质后，愤怒必然会消失，而转化成慈悲**。

深入地观照是最常被推荐为治疗愤怒的药方，如果你好好地观照，就会了解别人的困难与他们从未实现的深深渴望。这时，慈悲就会从内心深处生起，而它正是治疗愤怒的解药。如果能以慈悲滋润内心，怒火便会立即熄灭。

我们大部分的痛苦，是源自对“没有独立自我”的真理缺乏了解与洞察，其实，别人就是你，你就是别人。真正发现这个事实，愤怒就会消失。

慈悲是从了解中绽放出来的花朵。当你对某人生气时，能练习念念分明地呼吸，试着深入观照当时的情境，了解自己或别人痛苦的本质，你就能从痛苦中解脱。

发泄的危险

有些心理医生会劝告我们，为了让自己觉得舒坦一些，应该把愤怒表达出来。他们建议以言语或行为发泄愤怒，例如拿棍子打轮胎，或以全身的力气甩门，或捶打枕头，他们相信“发泄”是移除愤怒能量的方法。

想想看，当你在房间抽烟时，得先让房间通风，烟才会散出去。**愤怒就像一股烟，一股让你受苦的能量**。**当愤怒的烟产生时，打开门与电风扇，愤怒才能排出**。

愤怒的出现也需要能量。当你为了发泄愤怒，用力敲打某个东西或捶打枕头，大约不出半小时，就会感到疲累，无力再给愤怒补充能量，于是你便以为自己不生气了，但事实并非如此，你只不过是因为太累而无力生气罢了。

事实上，真正使你生气的是心中愤怒的根。它潜藏在无知与错误的认识里，也在智慧与慈悲的匮乏中。当你发泄愤怒时，你只是在帮愤怒找到补给的能量，其实愤怒的根仍在；当以这种方式表达愤怒时，你正在强化愤怒的根，这就是发泄的危险。

第六章
念诵"心语"

1999年3月9日的《纽约时报》有篇关于愤怒的文章，题目是"学者认为发泄愤怒是种错误的建议"。这篇报道指出，社会心理学家们作了许多研究，他们发现以打枕头或类似的方式表达愤怒或敌意，其实毫无益处。相反的，只会使情况更加恶化。

当你捶打枕头时，并未舒缓或减轻愤怒，只是在重复愤怒罢了。如果你每天都以这种方式发泄愤怒，那么，愤怒的情绪就会不断滋长。有天当有人惹你生气时，你就可能以平常处理愤怒的方式痛打他，因而身陷囹圄。所以，**用捶打枕头或其他发泄方式处理愤怒，不但无益且十分危险。发泄并未使愤怒的能量真正消散，因为它尚未离开你的身心。**

这种发泄愤怒的做法本身便基于无知之上，当把痛恨的对象想象成枕头而用力攻击时，正是在操练无知与愤怒，不但暴力与愤怒丝毫未减，反而愈加强烈。愈来愈多的心理治疗师已经证实，这种发泄愤怒的做法是很危险的。他们告诉我，已经开始停止建议病人这么做，因为他们发现病人以打枕头发泄怒气后，会变得非常疲乏，表面上看起来情况似乎有所好转，但当他们稍作休息或进食后，如果又有人灌溉他们内心愤怒的种子，他们反而会比以前更加生气，因为愤怒的根已在重复不断的操练中获得了滋养。

只要有正念，你就安全了

我们应该好好地对待愤怒，认识它的存在，并好好照顾它，在心理治疗上，我们将这种方法称为“发现愤怒”。这是一种美好而重要的修持，你必须在愤怒生起时，认识它、拥抱它，而不是压抑它。

但有个重要的问题是，到底是“谁”在发现愤怒呢？是谁在照顾、觉察它呢？愤怒是种能量，如果这种能量太强大，你就可能成为受害者。因此，我们应该懂得如何培养其他可以觉察并照顾愤怒的能量。愤怒是个需要被抚慰与觉察的能量区，但问题是什么能量可以拥抱、觉察愤怒呢？那就是“正念”的能量。所以**每当生气时，为了能触动内心正念的种子，并培养正念的能量，我们必须好好练习念念分明地呼吸与走路**。

正念不是用来压抑愤怒的，而是在那里迎接、觉察它，向它说：“嗨！我的小愤怒，我知道你在那里。嘿！我的老朋友。”正念是帮助我们认识“什么东西在那里”的能量，就是对某件事物保持念念分明。当你念念分明地呼吸时，就是呼吸的正念；念念分明地喝茶，就是喝茶的正念；念念分明地吃饭，就是吃饭的正念；念念分明地走路，就是走路的正念。

同样地，我们也能练习如何念念分明地面对愤怒："我觉察到自己在生气，愤怒就在心里。"因此，正念的能量是用来接触、觉察、问候与拥抱愤怒的，而非用来打击或压迫的。**正念所扮演的角色就像母亲，当孩子受苦时去拥抱、抚慰他。愤怒就在你心里，它是你的孩子，你必须好好地照顾它。**当正念觉察到愤怒时会说："嗨！我的愤怒，我知道你在那里。不用怕，我会好好地照顾你。"只要当下保持正念，你就安全了。你开始微笑，佛陀的能量已在心中生起。

如果你不知如何处理愤怒，它就能杀死你，少了正念，你就可能成为愤怒的受害者，它可以让你气得吐血，甚至死亡。很多人是活活气死的，因为愤怒能让人身心机能突然失常，在内心制造无比的压力与痛苦。但是当佛陀示观，正念的能量生起时，你就能获得保护，它会帮你处理当下的情况。就如有大哥在，小弟就安全了；有母亲在，孩子就安全了。通过修行，你内心的母亲或大哥就会愈来愈懂得如何照顾愤怒了。

当我们认识并拥抱愤怒时，一定要持续地培养正念，我们可以借由不断地练习念念分明地走路与呼吸来培养它。如果心中没有正念，你所做的每件事都无法获得解脱，即使用尽全力打枕头也无法帮助你探索愤怒与了解它的本质，甚至连枕头是什么都不清楚，如果你真正明白枕头是什么时，就会知道它只不过是个枕头，根本不是敌人，为什么要捶打它呢？因为你不知道它只不过是个枕头而已。

当你认真地去探索某个东西，就会知道它真正的本质；如果你深刻地去探索某个人的内心，就会知道真正的他是什么样的人。如果没有正念，就不可能真正认识事物或任何人，而会成为愤怒的受害者，它会使你做出具有伤害力的事。

你就是你自己生气的对象

你有没有想过自己到底是谁？其实你就是那个让自己生气的人。**如果你对儿子生气，就是在对自己生气。如果你认为儿子不是你，那是错误的，儿子其实就是你。不论在遗传上、生理上、科学上，儿子就是你的延续，这是个事实。**谁是你的母亲？母亲就是你，你是她的下一代而成为她的延续，她也因为是你的祖先而成为你的延续。她将你与祖先们联系在一起，而你也将她与未来的世世代代联系在一起，你们属于同一条生命的长河。如果你认为她与你是不同的个体，彼此完全无关，这是种无知。当年轻人说："我要从此与父亲断绝关系。"那根本就是无知，其实他就是自己的父亲。

身为母亲，怀胎十月，你知道孩子就是你，吃饭为孩子，喝水也为孩子，处处想到孩子。当你好好地照顾自己时，就是在照顾孩子。你处处小心翼翼，你知道孩子就是你。但是等孩子十三四岁时，你没有了这样的感觉，觉得与孩子是分离的，不再那么紧紧相连。你不知如何改善彼此的关系，如何在吵架之后和解。很快地，代沟愈来愈大且不可逾越，愈来愈难相处且冲突不断。

深入观照，可以停止愤怒

表面上看来，你与孩子是两个分离的个体。但是如果深入观照，就会发现其实你们仍然是一体的。因此，化解彼此的争执或重建和谐，这与你如何调和身心，其实是相同的。因为你与孩子具有同样的本质，原本就是一体的。

多年以前，我走进一家伦敦的书店，看到《我的母亲，我自己》这本书。这是个非常有智慧的书名，你也可以写另外一本书——《我的女儿，我自己》，或《我的儿子，我自己》《我的父亲，我自己》。这确实是个事实，当你对儿子生气时，就是对自己生气；当你惩罚儿子时，就是惩罚自己；当你让父亲受苦时，也就是让自己受苦。我们必须洞察“无我”[①]（non-self），洞察“我”是由“无我”的元素所组成，包括我们的父亲、母亲或祖先，以及太阳、空气与大地，都是

① 指没有任何事物具有独立的存在或自我，任何事物都必须与其他一切相互依存。

如此。这时，我们才能获得真正的智慧。

当你洞察“无我”的真理，就会知道快乐与痛苦并非个人的事，你的痛苦就是所爱的人的痛苦，他们的快乐就是你的快乐。当你体悟到这点，就不会被惩罚与责怪的念头所诱惑，而以更有智慧的方式行动。这样的理解与智慧，是深思、深入观照的果实。所以，当你念着自己的“心语”时，可以帮助你记起——你的孩子就是你，你的伴侣也是你。

读诵经典是为了让你可以沉浸在“无我”的真理与体悟中，希望你能写出自己的“心经”，它来自你与别人本来是一体的体悟。《心经》与智慧有关，你的“心语”也是如此，它以智慧提醒你，你并不是分离、独立的个体，也提醒你爱的智慧。当你生气时，或被自他分离的观念误导时，读一遍自己的“心语”，就能帮助你重新回到自己。当洞察生起时，佛陀当下示现，你就安全了，再也不必受苦了。

我们必须不断地提醒自己，虽然有很多方法可以化解愤怒，但最好的、最深的解脱，还是来自智慧——对于“无我”的洞见。“无我”不是抽象的哲学概念，只要能念念分明地生活，随时都能体验“无我”的真实。洞察“无我”能帮助你恢复与他人之间的和谐，你有权利活得快乐，也有权利活在和谐之中，这就是你必须与他一起坐下来商讨生活方式的理由。

更进一步地，你也要找出让自己获得和谐、宁静的方法，因为你经常为了内心的纠结与冲突而饱受折磨，所以必须与自己签订和平条约。内心充满纠结是由于缺乏智慧与洞见，只要你有智慧，就能重建自己以及与他人的和谐关系。你会知道如何有智慧地应对进退，就不会再身处于冲突的战场之中了。如果你心中充满和谐，对方便能觉察你的改变，彼此的关系就能很快恢复和谐，你也会因此而更快乐，更容易相处。同样的，你的快乐也会很快地感染到其他人。

所以，要帮助你的儿子，得先重建自己内心的和谐。请先深入地观照自己！如果要帮助母亲，也是如此，请找出可以帮助母亲的智慧。**帮助自己是帮助他人的第一步，放下“自我”的幻觉，可以真正帮助我们从愤怒与痛苦中获得解脱。这就是修行的主要精髓所在。**

快乐心语

● 如果你只爱一个人身上的优点，那不是爱。你还必须接受他的缺点，并用耐心、智慧和精力来帮助他改变。

● 每天要念一遍自己的“心语”。每当你感受内心的爱与感恩时，就会再次感到喜悦，再次珍惜他的存在。

● 把你的“心语”拿出来，深呼吸，然后一字一句地读出来，你很快就能回到自己，痛苦便会减轻许多。

● 觉悟的种子就在你心里，借着修持，你可以立刻让它变成花朵，可以停止痛苦。

● 我们大部分的痛苦，是源自对“没有独立自我”的真理缺乏了解与洞察。

● 真正使你生气的是心中愤怒的根。它潜藏在无知与错误的认识里，也在智慧与慈悲的匮乏中。

● 发泄愤怒的做法本身便基于无知之上，当把痛恨的对象想象成枕头而用力攻击时，正是在操练无知与愤怒。

第六章
念诵“心语”

● 正念不是要用来压抑愤怒的，而是在那里迎接、觉察它。

● 如果你不知如何处理愤怒，它就能杀死你，少了正念，你就可能会成为愤怒的受害者。

● 愤怒能在内心制造无比的压力与痛苦。但是当佛陀现前，正念的能量生起时，你就获得保护。

● 其实你就是那个让自己生气的人。如果你对儿子生气，就是在对自己生气。

● 当你洞察“无我”的真理，就会知道快乐与痛苦并非个人的事。当你体悟到这点，就不会被惩罚与责怪的念头所诱惑。

● 最好的、最深的解脱，还是来自智慧——对于“无我”的洞见。

● 当我们了解时，怒气就会自然消除。当你了解对方的处境与痛苦的本质后，愤怒必然会消失，而转化成慈悲。

● 愤怒就像一股烟，一股让你受苦的能量。当愤怒的烟产生时，打开门与电风扇，愤怒才能排出。

● 捶打枕头或以其他发泄方式处理愤怒，不但无益且十分危险。发泄并未使愤怒的能量真正消散，因为它尚未离开你的身心。

- 每当生气时，为了能触动内心正念的种子，并培养正念的能量，我们必须好好练习念念分明地呼吸与走路。

- 正念所扮演的角色就像母亲，当孩子受苦时去拥抱、抚慰他。愤怒就在你心里，它是你的孩子，你必须好好地照顾它。

- 如果你对儿子生气，就是在对自己生气。如果你认为儿子不是你，那是错误的，儿子其实就是你。不论在遗传上、生理上、科学上，儿子就是你的延续，这是个事实。

- 帮助自己是帮助他人的第一步，放下“自我”的幻觉，可以真正帮助我们从愤怒与痛苦中获得解脱，这就是修行的主要精髓所在。

第七章

化敌为友

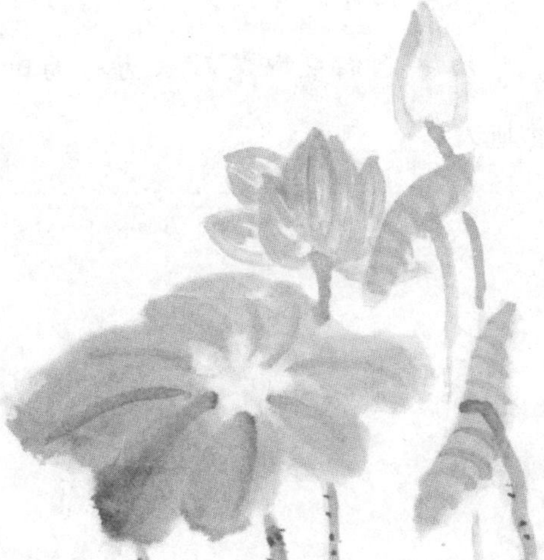

人类不是我们的敌人，我们的敌人也不应该是另外一个人，而是自己与别人内心的暴力、无知与不公正。很多年轻人会犯罪，是因为不知暴力会带给别人多少痛苦。每次当他们采取某种暴力行为时，也伤害了自己与其他人。

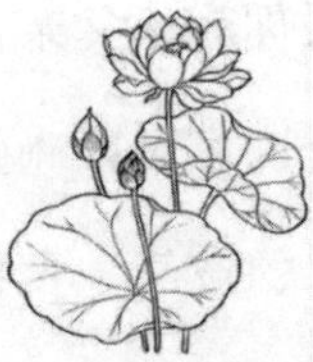

从你自己做起

没有沟通就不可能有真正的了解。不过在与他人沟通之前，应该先确定你已知道如何与自己沟通。因为如果连跟自己都无法沟通，如何期待成功地与人沟通呢？爱也是如此。**如果你不爱自己，也不可能爱别人；如果不能接纳与善待自己，就无法接纳与善待别人。**

你可能从未察觉自己经常表现得像一个父亲，虽然与他如此相似，你却觉得你们是完全相反的人，而无法接纳他，甚至厌恶他。但是当你无法接纳父亲时，你就无法接纳自己，父亲就在你心里，你是他的延续。因此，如果你能与自己沟通，也会懂得如何与父亲沟通。

自我是由“无我”的元素所组成，因此，“认识自我”是一门很重要的功课。父亲是个无我的元素，虽然我们说父亲不是自己，但没有父亲，我们就不可能存在，他活在我们的身心当中，父亲就是我们自己。因此，如果你真正地了解自己——全部的你，就会明白原来你就是父亲，他并不存在于你之外。

除了父亲之外，还有许多可以碰触、觉察的无我元素，例如祖先、大地、阳光、水、空气、食物与其他许多事物。它们与你表面上看来是分开的，但是没有它们，生命也无法延续。

这就如同交战的双方想要协商，但对自己都缺乏了解，协商就无法进行下去了。唯有真正地了解自己、国家、政党与所处的情况，才能了解别国与其他人。自我与他人并非两个独立的个体，因为你们的痛苦、希望与愤怒，都如此相似。

当我们生气时，很自然地会感到痛苦。如果明白这点，就知道当对方生气时，一定也觉得很痛苦。所以如果有人以暴力相向，你必须智慧地看到那人其实正为他的暴力、愤怒而受苦。但是我们经常忘了这点，总认为自己是唯一受苦的人，而视对方为压迫自己的人。有了这种褊狭的看法，很快地就会怒火中烧，而想惩罚对方——我们觉得很痛苦，而生起与对方相同的愤怒与暴力。但是，如果我们能清楚地看到自己的痛苦与愤怒，其实与对方的痛苦、暴力并无分别，就会变得比较慈悲。因此，**了解别人就是了解自己；了解了自己，就能了解别人，这一切都得由你开始**。

为了真正了解自己，必须学习以“不二”来看待事情。不应去打击愤怒，因为内心的愤怒就是自己，是我们的一部分。**愤怒就如同爱是有生命的，必须好好地照顾，它也是个有生命的个体、一种有机的状态，能转化成另一个有机体**，就如同垃圾可以重新转化成肥料、莴苣、小黄瓜一样。因此，不要摒弃愤怒，不要与它争吵或压抑它，学习以温柔的方式照顾它，将它转化成了解与慈悲的能量。

慈悲就是智慧

了解与慈悲是我们心灵力量的重要泉源，这两种能量与愚昧、悲观正好相反。如果你认为对别人慈悲是被动、软弱或胆小的行为，那就是没有明白什么才是真正的了解与慈悲。如果你认为慈悲的人不会对抗或挑战不公正的事，那你就错了，其实他们都是满载荣耀的战士、勇敢的英雄。当你决定以慈悲、非暴力的方式或“不二”的认识来响应对方时，你的心必须非常坚强，要停止发泄愤怒，也不再惩罚或责怪别人。慈悲不断地滋长，你因此能成功地以非暴力的方式对抗不正义的事。印度国父甘地就是这样的人，他没有炸药与枪，也不树立任何敌人，纯粹以对“不二”的洞察，以及心中慈悲的力量采取行动，他的成功不是来自愤怒。

人类不是我们的敌人，我们的敌人也不应该是另外一个人，而是自己与别人内心的暴力、无知与不公正。当我们以慈悲与智慧装备自己时，所要对抗的不是别人，正是内心想要侵略、掌控与剥削别人的倾向。我们虽然不想杀人，但也绝不允许别人掌控或剥削其他人。你必须懂得保护自己，因为你并不愚笨，你是聪明而有智慧的。所谓对人慈悲，并非要允许别人对你或其他人使用暴力，而是要你做出有智慧的决定。因为出自爱的非暴力行为，绝对是有智慧的行为。

慈悲心并非要你去受不必要的苦或失去判断力。假设你正在带领某个团体练习行禅，练习缓慢而优雅地移动身体。在行禅过程中，你们一起聚集了许多正向的能量，每个人都被宁静、安定与和谐的气氛所拥抱。但这时天空突然下雨，你还要继续慢慢地走路，让自己与所有人都变成落汤鸡吗？这就太不明智了。如果你是个好的行禅老师，就会把行禅变成“跑步禅”。如此一来，你还是可以享受行禅的乐趣，可以开心地笑或微笑，这证明你们的修行不是一种愚笨的行为。跑步时，你们还可以保持念念分明，且避免全身被淋湿的不适。因此，我们必须以有智慧的方式修行。**禅修绝不是一种愚笨的行为，不是盲目地跟随身边的人做，而是有技巧、有智慧地修行。**

建立慈悲的警力

仁慈并不表示被动，对别人慈悲也不是要你受人践踏或摧残。相反的，你必须保护自己与他人。如果某人很危险而必须控制他，你就应该这么做，必须充满慈悲心地去做。如此是为了避免他继续从事各种破坏的行为，阻止他继续灌溉内心的愤怒。

不是只有出家人才有慈悲心，即使是警察、法官或狱警，也能拥有慈悲心。如果你是警察、法官或狱警，我们需要你成为菩萨。虽然你必须依照规定地执行任务，但还是应该时时保持慈悲心。

如果你以正念来生活，就必须帮助警察去除恐惧，让他们也能抱着慈悲心工作。现代社会里的警察因常遭到攻击而承受许多恐惧、愤怒与压力，那些痛恨、侮辱警察的人并不了解他们的处境。其实当他们每天早晨穿上制服、佩带枪支时，并不确定今晚是否能活着回来，内心非常痛苦，家人也同样难受。其实他们并不喜欢殴打别人或对人开枪，但是由于不知如何处理内心的愤怒、痛苦与暴力，也与其他人一样成为暴力的受害者。因此，身为警官，如果你真的了解下属中的每个人，就会以慈悲、智慧的方式训练自己，教育并帮助为维持治安而日夜工作的警察们。

在法国，警察被称为“维和人员”。但如果心中没有祥和，如何能维护城市的和平呢？在此，“和平”代表不恐惧、智慧与了解。虽然警察都学会了一些保护自己的方法，但只有自我防卫术是不够的，还必须有智慧，在行动时能毫无畏惧。如果你害怕，就很容易犯错，你使用枪的时候可能伤及无辜。

我们不能预设立场

在洛杉矶曾有4名警察将一名黑人殴打几乎致死，媒体将这个新闻报道到全世界，人人议论纷纷。你可以选择站在被殴打的受害者那边，或站在警察这边。但是当你评判它并选择立场时，就表现得好像置身在这冲突之外，既非被殴打的黑人司机，也非殴打黑人的警察。如果你能进一步地观照整件事，就会发现其实你就是被殴打的人，也是殴打人的警察，因为他们心中那些愤怒、害怕、挫折与暴力的负面情绪，都存在你的心中。

为了深入了解警察并帮助他们，可以把自己想象成是他们的丈夫或妻子，每天生活在一起，你很快就会发现，原来警察的工作那么辛苦。这样的认识将使你每天都想做些事，来帮助伴侣转化心中的愤怒、害怕与挫折。**当你有能力化解丈夫或妻子的痛苦时，整个城市也会因而受益，即使是犯罪的青少年也会受到影响**。这就是帮助社会最好的办法。靠你的智慧、体悟与慈悲，就可以阻止许多暴力事件发生。

第七章

化敌为友

安排停止愤怒与暴力的对话

有些人对警察抱持很负面的印象，认为警察喜欢暴力、歧视别人且懦弱胆小。很多年轻人甚至将警察视为敌人，他们烧毁警车、殴打警察，认为警察是带给他们愤怒、挫折的人。我们何不安排一场会谈、一个对话的机会，让警察与因暴力行为而被拘禁的年轻人互相沟通？何不让警察与这些年轻人有机会说出他们的挫折、愤怒与害怕，然后全程录像，让全国人都能从对话中学习呢?

这将是一次真正的禅修，由于每个人都在深入观照，且是以整个城市、国家的立场在观照警察与年轻人之间的问题。到现在为止，我们都还未看到事实的真相，虽然我们都看过电影、侦探小说与西部片，但是还未看到人们心中真实的情况。我们应该安排这样的对话，让真相能呈现在所有人面前。

轰炸我们自己

耶稣曾说："神啊！请你原谅他们，因为他们不知道自己在做什么。"如果有人犯罪而带给人无比的痛苦，那是由于他根本不知自己在做什么。很多年轻人会犯罪，是因为他们不知暴力会带给别人多少痛苦。每次当他们采取某种暴力行为时，也伤害自己与其他人。他们误以为发泄愤怒与使用暴力，可以让自己觉得好过一点，但事实上，愤怒只是不断地在他们心中滋长。

当你对敌人发射导弹，你也对自己与国家发射了一枚相同的导弹。美国人在越南战争中所受的痛苦一点都不比越南人少，他们受到的的伤痛与越南人同样深。**停止暴力才是我们该做的事，但是我们无法真正地停止暴力，除非明白所做的一切都将同样地影响到自己**。身为修行老师，一定要让学生知道他们在使用暴力时，也将同受其苦。这不能只用嘴说，必须以更有创意的方式教导他们，毕竟以说教的方式分享看法效果甚微，应该灵活而有智慧，懂得使用一些“技巧”。在修行上，纯熟的技巧非常重要，真正伟大的精神导师应该在修行与帮助别人方面，皆具足纯熟的技巧。

在战争发生前就阻止它们

大多数人都要等到战争爆发，才想以某种方式来让其停止。其实我们不知战争的根源随处皆是，它们就根植在思想与生活方式里。但是大多数人都无法在战争潜伏时就看见它的存在，一直要等到战争爆发而人们开始谈论时，才会注意到它。然后情绪开始被战争的紧张局势所控制而感到无助，因此决定选择认同的一方，相信它是对的，并开始谴责错误的一方。但是当我们如此做时，对战争所造成的破坏没有任何修复作用。

身为真正的修行者，你必须在战争发生前，就深入地观照当时的情况，采取行动阻止它。借由洞察与觉照力帮助其他人觉醒，让他们看清楚真实的情况，与你有相同的认识，然后就能共同以有技巧的方式消弭战争。

前南斯拉夫的内战爆发时，北约国家曾认为只有轰炸首都贝尔格莱德才是解决南斯拉夫种族歧视问题的唯一方法，他们都相信已别无他法。由于缺乏深入观照与禅修的能力，他们无法看到在战争前就已浮现的问题并试着去解决。**暴力永远无法带来和平与真正的了解，只有深入观照战争的根源，才有可能重建和平**。

如果你是个好的修行人，可能已有比别人更深的洞察，或已知有其他比使用炸弹或暴力更好的方式来解决种族歧视的问题。现在地球上随时都可能爆发各种战争，如果你是个支持世界和平的人，就该警觉到这点，并尽全力团结周围的人阻止战争的爆发，阻止它制造更极端的暴力。如果你想阻止发生在科索沃的暴力介入，就得提出别的解决方案；如果有很好的想法，应该告诉立法委员，敦促他们进行调停，如此就可以采取更多正面的行动。为了能在停止战争与暴力上达成共识，我们需要学习以国家的立场静坐观照，而不只是从个人的立场出发。

达成共识

有位年轻人是素食者，他之所以吃素，并非因为宗教狂热或标新立异，而是出于正念。父亲对他的改变相当不悦，因此他们很久未享受和谐、快乐的家庭生活了。年轻人知道自己不会改变吃素的决定，因为吃肉会让他变得很糟。虽然他无法改变自己去取悦父亲，但是他也不想让家里紧张的气氛持续下去。最后，他用智慧解决这个问题，而非消极地接受这样的情况。

有一天他带了一盘录像带回家，对父亲说："爸！这里有盘很棒的纪录片。"这是一部有关屠宰动物的纪录片。当父亲看到屠宰动物的画面后，心里非常痛苦，也决定不再吃肉。这样的觉照是很直接的，绝不只是一个念头。年轻人既未使用暴力，也未让痛苦控制他的决定。他以爱、慈悲与智慧采取这种办法，成功地说服全家人停止吃肉，并让慈悲在他们的内心滋长。他这种放影片的行为是非常有技巧，又充满爱的。因此，当你采取有技巧的行动时，就能获得很大的成功。

你可能有某些深刻而有智慧的见解，因而满怀慈悲，内心生起一股想要改善现状的动力。但单靠你一人的力量，能做的事非常有限。如果别人没有这种见解，你就应该试着让它变成共识。但是绝不能把你的想法强加在别人身上，即使你能暂时强行灌输给别人，所灌输的只是一个想法，不是真正成熟的见解，因为真正的见解不只是一个想法。所以，**要能真实地与别人分享见解，你应该制造一些情境，让其他人能经由亲身体验获得与你相同的见解**，而不只是相信你所说的，这需要技巧与练习。

让爱重现

在梅村，我们有个大约22岁的年轻师姐，她让一对发誓不再见面的母女和好如初。在短短的3个小时中，她解决了她们之间的冲突，并让她们最后练习了“拥抱禅”（hugging meditation）。她们轻轻地拥抱彼此，念念分明地呼吸。她们练习：“吸气，我觉知到我正活着；呼气，我觉知到所爱的人也还活着，她就在我的臂弯里。”她们分明地感受到自己与对方的存在，是多么幸福。她们完全地活在当下，将自己投入彼此的拥抱中，这样的拥抱有很大的疗效。通过这样的练习，她们了解到自己如此深爱对方。过去她们并不知道这点，从不知道如何有技巧地表达自己与倾听对方。

即使内心充满愤怒与恨意，不表示你的爱与接纳的能力已经消失。如果你是个禅修者或和平使者，就可以帮助自己与其他人重现心中的爱与了解。请勿认为自己心中已没有爱，这不是真的。爱永远在你心中，就如同阳光一样。即使现在正下着雨，阳光总是在乌云上方不远之处，如果到云层顶端，就会看到阳光普照。所以，**如果相信心中已没有爱，只能去憎恨他人，那你就错了，等到那人去世，你就会哭着希望他能回来。**这表示爱还在那里，所以你应该在那人还活着时，给爱一个重生的机会。要让爱重现，你必须懂得如何控制愤怒，因为它总是伴随困惑与无知而来。

看到痛苦的根源

假设你是个 5 岁小女孩的老师，当妈妈到学校来接她时，你发现这个母亲非常急躁，让小女孩受了很多苦。这时你可以做什么？有很多事可以做。因为你是小孩的老师，她会听你的话，你可以帮助她了解自己的母亲；或给她一些机会，让她说出与母亲相处的困难，即使她只有 5 岁；你也可以扮演一个好母亲，告诉她你们可以一起帮助她的母亲，教她在母亲生气或使用暴力时，如何反应才不会让情况变得更糟。帮助小女孩非常重要，当她内心有了转变，她对母亲也会产生正面的影响。

身为小女孩的老师，你也有机会接触她的母亲。如果你有慈悲心与正见[①]，就能帮助她的母亲，否则只会评断母亲是错

---

① 指正确的知见，相当于现证法性的般若，亦即关于人生真理的彻底领悟。

的，女儿是对的。你只会谴责她虐待孩子的行为，反对她对孩子所施加的暴力，但这只是表达你的不赞同，对事情毫无帮助。为了这受虐的女孩与她的父母，你必须以你的慈悲心与正见采取正面的行动，如果不能帮助她的父母，你也无法帮助她。或许你会把孩子当作唯一的受害者、唯一需要帮助的人，但是如果你真想帮助她，一定得帮助被她视为敌人的父母，否则你也无从帮助。想想看，**她的父母是那样无知、充满暴力与愤怒，孩子当然会受苦，所以你必须同情她的父母，看到他们痛苦的根源**。为了好好照顾儿童，所有的教师都应了解到这一点，并帮助孩子们去照顾那些父母。

为我们的国家服务

法国政府一直非常有远见地致力于照顾有暴力倾向的年轻人，他们知道年轻人的暴力与痛苦来自社会。为了采取正确的行动，我们必须像医生一样倾听，小心地了解这个社会的运作方式，看看为何年轻人会变得如此暴力、易怒。如此一来，就会发现，其实他们愤怒与暴力的根源来自家庭与父母的日常生活方式，同时也会发现家庭的暴力根源可追溯到社会的组成方式与人们的消费行为。

政府也是人民，因为政府是由父母、儿女所组成。这些父母、儿女也都带着家庭的暴力根源，所以如果法国总理不练习深入地观照，不看看内心的愤怒、暴力、沮丧与痛苦，便不可能了解年轻人的暴力、愤怒与绝望。他也必须了解内阁、教育部部长所受的痛苦。身为这个国家的公民、政府官员，我们都必须行动起来，但是行动应该基于什么呢？基于真正的了解。

如果我们已经尽心地练习观照社会愤怒与暴力的根源，就会对年轻人充满同情。我们会发现拘禁或惩罚他们，根本无济于事。这正是前法国总理若斯潘（Jospin）所说的，他与幕僚非常有智慧，而身为公民的我们，也要帮助政府深化这样的想法。不论我们身为教育家、父母、艺术家或作家都要修行，这样才能有足够的智慧帮助政府。

即使你是在野党人士也要如此练习，当你帮助执政党时，就是在帮助国家，毕竟你要帮助的是国家而非政党。如果现在总理有机会改善年轻人的现况，你能为国家做的就是贡献你的意见与协助。这不表示你背叛人民或政党，因为你的政党之所以存在，是为了服务国家，而非要为其他政党或当局制造难题。所以，身为政治家，你必须修习“不二”，看到慈悲心应凌驾于政党的利害关系之上。你要的不是结党营私的政治，而是有智慧的政治，有人文思想的政治，目标在于创造社会的和谐与转化，而不光是获取权力。

第七章
化敌为友

快乐心语

- 没有沟通就不可能有真正的了解。

- 了解别人就是了解自己；了解了自己，就能了解别人。

- 我们的敌人不应该是另外一个人，而是自己与别人内心的暴力、无知与不公正。

- 禅修绝不是愚笨的行为，不是盲目地跟随身边的人做，而是有技巧、有智慧地修行。

- 不是只有出家人才有慈悲心，即使是警察、法官或狱警也能拥有慈悲心。

- 回归自我是为了看清楚正在发生的事情，而习禅正是要对正在发生的事情保持清醒意识——当下正在发生着什么，这是非常重要的。

- 如果我们自己不能微笑，就不可能帮助别人微笑。如果我们自己不安详，就不可能帮助别人安详。

- 真正伟大的精神导师应该在修行与帮助别人方面，皆具足纯熟的技巧。

- 身为真正的修行者，你必须在战争发生前，就深入地观照当时的情况，采取行动阻止它。

- 真理是在生活中发现的，而不仅仅存在于概念性的知识中。准备好尽你的一生去学习，随时随地观察你自心和世界的实相。

- 要能真实地与别人分享见解，你应该制造一些情境，让其他人能经由亲身体验获得与你相同的见解。

- 即使内心充满愤怒与恨意，也不表示你的爱与接纳的能力已经消失。如果你是个有修行的禅修者或和平使者，就可以帮助自己与其他人重现心中的爱与了解。

- 禅修是为所有的人而修。我们彼此依赖，我们的孩子是否拥有一个美好的未来，取决于我们。

- 帮助我们的国家和总统的方法，就是要清除自己心中的贪欲和暴力倾向，并致力于改造社会。

- 不论我们身为教育家、父母、艺术家或作家都要修行，这样才能有足够的智慧帮助政府。

第八章

爱生气的习气

他有很重的习气，喜欢把自己的不幸怪罪给别人，不知如何与父母、兄弟姊妹或朋友沟通，却使他们非常痛苦，即使他并非故意要让他们不快乐。

从前有位名叫戴维的年轻人，他英俊又聪明，出生于富豪之家，具备所有足以成功的条件。但是他不喜欢自己的生活，觉得一点都不快乐，与父母、兄弟姊妹间有许多问题，完全不知如何与他们沟通。他总是以自我为中心，把自己的不幸责怪到父母或兄姊身上，因而痛苦不堪。他很痛苦，不是因为别人讨厌他或想惩罚他，而是他不知如何爱人、了解别人。通常他只能与人做几天的朋友，那些朋友很快就会离他而去，因为他实在很难与人好好相处。他非常自大，又以自我为中心，也不懂得理解与同情别人。

有一天他到城里的佛寺去，不是去听佛法，佛法说什么他根本不在乎，只是想去交朋友。他希望能找到一些新朋友，他实在太需要友情了，到目前为止，没有人愿意做他的朋友。虽然他富有又英俊，很多人都想认识他，但是相处不久后就开始远离他。

没有朋友就如同下十八层地狱，即使根本无法维持好的人际关系，他心中仍然渴望有个朋友、伴侣，所以，那天早上他决定到佛寺去试试看。当他来到佛寺前，刚好有群人擦身而过，其中有位非常美丽的年轻女子，女子的身影深深地吸引了他的目光，他的心中迸出爱的火花。这时他已经完全失去到佛寺的兴趣，转身想要跟在他们后面，但不幸的是，另外一群人突然挤上来让他动弹不得，当他好不容易挤出人群时，那群人与美丽女子早已不见踪影。

他花了一个小时到处寻找那位女子，但无功而返，最后只好带着心中美丽的倩影回家。那晚他彻夜难眠，隔天也是如此。到了第三天晚上，他梦见一个白发老人对他说："如果你想见到那个女孩，就到东边的市场去试试看。"他突然从梦中惊醒，此时天还未亮，但再也无法入眠。他跳下床，准备天一亮就去寻找。

到市场时，只见三三两两的人，他就先到书店随便逛逛。当他抬头往上看时，突然在墙上看到一个美丽女子的画像，正是他在佛寺前看到的女子，一样美丽的双眼、可人的鼻子、迷人的双唇。或许这就是在梦里老人所说可在市场里见到她，但其实只能见到她的画像。他心想："也许我只能得到她的画像，没有福气得到她的人。"结果他什么书也没买，就用所有的钱买下这幅画。回去之后，立刻将它挂在宿舍里。

戴维是个非常孤独的人，没有任何朋友。他经常不到学校的餐厅吃饭，只在房间里吃泡面，现在你已经猜到戴维是个亚洲人吧！他买到画的那天，泡了两碗面，准备了两双筷子，想把另一碗面给画里的女子吃。他吃着自己的面，偶尔抬头看看画，请画里的女子与他一起吃面。

我们知道有些不善于与人沟通的人，通常会养猫或狗来陪伴，买最贵的猫食、狗食给它们吃，如此就可以将满腔的爱与关怀给宠物。**对他们而言，爱猫或狗要比爱人容易得多，因为它们从来不跟人吵架，即使对它们说难听的话，它们也不会顶嘴**。戴维就是这样的人，他可以很平静地去爱画里的女子，但是如果她真的在那里，他可能同样无法爱她超过 24 小时。

有一天他怎么也吃不下面，觉得生命毫无意义。他看着墙上的画，心想："活着到底有什么用?"画里的女子突然对他眨眼、微笑，他呆住了，以为自己在做梦，揉揉双眼，再看那幅画，女子仍一动也不动地站在画里。他非常惊讶，眼睛一直盯着画看，突然女子从画里走了出来，活生生地站在他面前，她名叫安吉利娜，来自天堂。你无法想象戴维此时有多兴奋，他好像到了天堂，能有如此漂亮的女子做朋友，还有什么比这更完美的事呢?

但是，你可能已经猜到故事接下来会如何发展了。他始终无法快乐地与人相处，即使与天真、善良的安吉利娜在一起也是如此。三四个月之后，她离开了他，因为要与戴维这样的人相处根本就不可能。某天早上，当戴维醒来时，在桌上发现一张安吉利娜留下来的纸条，她决定不再回来了。她写道："戴维！要与你一起生活真的是件不可能的事。**你太自私了，无法倾听任何人说话，虽然你聪明、英俊且富有，但是你根本不知如何与他人维持关系。**"读了信后，戴维很想自杀，觉得如果连这样甜美的女子也无法与他一起生活，那他真的是毫无价值可言了，他想上吊自杀。

根据统计，在法国每年有 12000 人自杀，平均每天就有 33 个人自杀。这个数字实在是太大了！戴维正是其中之一，正等着你去解救。在美国与欧洲其他国家的自杀率也差不多如此。人们被自己的绝望打败，变得与人难以沟通，生命毫无意义。

点一炷心香

当戴维正在结绳准备自杀时，突然想起安吉利娜有一天曾微笑地对他说："戴维！如果有天我不在了，而你非常想念我，就点一炷香吧！"这是安吉利娜好不容易说服戴维到寺里听法时告诉他的。那天，师父正在解释如何让点香成为沟通方式，当点香时，你正与佛陀、菩萨、祖先说话。如果能与祖先沟通，也就懂得如何与身边的兄弟姊妹沟通。因此，那天师父的开示，就是关于如何借着点香来进行沟通。他说我们所点的香，应该是心中的一炷心香、正念的香、专注的香、智慧与洞察的香。当师父开示时，戴维坐在安吉利娜身边，但他并未专心听，不过所听到的已足以让他记得主要大意。当离开佛寺时，安吉利娜对他说："戴维！如果有天你想与我联络，就点一炷香吧！"

一想起这件事，他立刻丢下手里的绳子，跑到附近的店里买一把香，但他不知如何点香。在梅村，我们一次只点一炷香，戴维却点了整把香，短短几分钟房间就烟雾弥漫了。他等了15分钟——半小时——一小时，安吉利娜还是未出现。他又想起师父说过的另一句话："**要能达到真正的沟通，点的香必须是你的心香，也就是正念的香、专注的香、洞察的香。**"没有正念，点香也没有用。

戴维开始慢慢地坐下来，认真而深入地思考自己的情况，他发现自己与父母、兄弟姊妹、朋友与社会间的关系都是失败的，甚至连与安吉利娜的关系也是如此，自己总是把痛苦怪罪在别人身上。这是他第一次如此专注，且获得一些新的想法，也是第一次如此安静地坐下来，看到自己对父母的不公平，而了解到无法与父母沟通，有一半原因在于自己。过去他责怪每个人，却从来不知原来自己也有责任，即使与安吉利娜这样甜美的人在一起，他也失败了。

他生平第一次流下眼泪，突然为自己对待父母、兄弟姊妹与朋友的方式感到非常抱歉。他想起自己曾在深夜酩酊大醉地回家，殴打、虐待安吉利娜，他把整件事从头到尾想了一遍。突然之间，一滴慈悲的露水滴进内心，滋润他痛苦、煎熬的心灵。他开始号啕大哭，愈哭心就愈感到清明。他的心开始转化，渐渐明白安吉利娜过去想告诉他的事，她想教导他如何依五戒[①]而生活，如何谛听与使用爱语。他开始感受到一股想要改变的动力。他告诉自己，如果有天安吉利娜回来，他一定要变成一个脱胎换骨的人。他心想："我一定会懂得如何照顾她，如何使她快乐。"这时有人敲他的房门，安吉利娜回来了。虽然戴维修持正念不到一小时，但那次他内心有非常深刻的转化。

戴维与安吉利娜就在我们身边

不要认为戴维只是个故事里的角色或历史人物。不是，戴维是个真实的人，他就坐在我们当中，安吉利娜也是。记得戴维是个聪明又英俊的人吗？但是他有很重的习气，喜欢把自己的不幸怪罪给别人，不知如何与父母、兄弟姊妹或朋友沟通，而使他们非常痛苦，即使他并非故意要让他们不快乐。但是习

① 即五条戒律或行为准则，具体指不杀生戒、不偷盗戒、不邪淫戒、不妄语戒、不饮酒戒。

气如此强烈，使他无法停止继续犯错。他非常孤单，而且认为自己是世上唯一如此孤单的人。他渴望别人的了解，有个可以陪在他身边的人。这是人的天性，每个人都有这样的渴望，需要一个真正了解、帮助我们面对生命难关的人。

所以，要了解戴维并不难，你一定能了解他内心的渴望与困境。在生命的某一天，安吉利娜走进他的生命，有时我们也会有这样的好运，会有一个非常好的人走入我们的生命。这时**如果我们懂得如何照顾那个人，生命就会变得很有意义，但是如果不知如何照顾自己与习气，就不可能照顾我们的安吉利娜**。因此，我们会对她生气，无法善待她，最后她会离开我们，因为我们所做的一切已让她受太多苦了。

把安吉利娜留在我们的生命里

当安吉利娜从画中走出来成为真实的人时，她给了戴维一个迷人的微笑。她看着碗里的面对戴维说：“你怎么可以吃这样的垃圾食物？等一下。”然后她消失了。不多久再出现时，手上提着一篮蔬菜。过了一会儿，她就为戴维准备了一碗非常好吃的面，与他之前所吃的泡面完全不同。

安吉利娜很聪明，知道如何使你快乐，但是你不懂得感激，也不知如何理解别人，所以无法留住你的安吉利娜，最后她只好离开。也许你就是安吉利娜，因为你与戴维难以相处而离开了他。即使你用尽全力帮助他，但是要与他一起生活实在太难。他始终未察觉你就是他的安吉利娜，习气推着他，继续以毒害身心的方式生活。也许他每天晚上都到酒吧喝得烂醉，不论你如何恳求，他就是无法停止，每天醉醺醺地回家，甚至还殴打你。他根本不知如何听你说话，不论你如何努力表现体贴与耐心，他总是打断你的话，不让你说完。他从来都无法好好地听你说话，虽然你很有耐心，但是你也有极限，知道根本不可能与他好好沟通，最后只好放弃。

现在你的安吉利娜在哪里？

谁是戴维？谁是安吉利娜？我要你自己来回答这个问题。你是戴维吗？如果你是戴维，那么现在你的安吉利娜在哪里？她与你在一起吗？还是已经离开？你对她做了什么？你如何对待她？有没有好好地照顾她呢？你是否能让她快乐呢？我们必须如此问自己："现在我的安吉利娜在哪里？她到底在哪里？我对她做了什么？"这些是很重要的问题，可以帮助我们深入地观照自己。

这就是禅修，真正的禅修。你的伴侣可能是戴维或安吉利娜，安吉利娜可能是男的或女的，戴维也是如此。当安吉利娜走入你的生命，起先你非常高兴可以与她在一起，并珍惜她的出现，觉得与她在一起生命再度变得可能。但是你无法维持这样的觉照，忘记安吉利娜是生命中的礼物，让她受好多苦而必须离开你。她曾经请你一起修持五戒，但是由于强烈的习气，你从来都不肯接受；她恳求你适度地消费，不要抽烟、喝酒；她请你一起使用爱语、谛听别人，试着结交善友，不要与灌溉内心负面种子的人在一起。但是习气让你仍然维持原样，最后她不得不离你而去。

你的安吉利娜也可能是你的儿女，她已经来到你的生命之中，但你是如何对待她的呢？你可以用和谐与爱的方式与他们相处吗？还是你不知如何与你的安吉利娜相处呢？或许她已经离家出走了。在故事中，戴维差点就在安吉利娜离开后自杀，但是他想起那场以点香作沟通的开示，突然之间，绝望变成希望。他相信如果能点上正念与专注的香，安吉利娜就会回到身边。他因此有机会坐下来，好好地想一想，反省他过去的生活。

开始重新来过

在日常生活中，我们总是不断地向前追逐，没有能力与机会停下来好好地看看自己的生活。但是，为了真正地了解自己的生活，我们一定要回头看，并且深入地观照。在前面的故事里，戴维在房里坐了45分钟，反省自己的生活而获得许多启发，然后他哭了。这是他有生以来第一次如此哭泣，他觉察到自己的习气，以及为周围的人、父母、朋友、兄弟姊妹与自己所带来的伤害。

即使每天练习打坐，我们是否曾经得到过相同的启发呢？在打坐时，必须观照你的安吉利娜已经走进生命，你与她之间的关系到底如何恶化的？你如何对待她？又如何让她受苦？她最后为何会离开？当如此重新观照你们之间的关系时，你就在练习深入的禅定。而最后所获得的启发将会告诉你什么该做，什么不该做，你一定也能点一炷心香，让你的安吉利娜回来。**安吉利娜永远都在那里等你，对你的爱始终都在她的心里。她已准备好原谅你，只要你知道如何点一炷心香**——一根修持五戒、专注与洞察的香。

你可能是个幸运儿，不只有一位安吉利娜曾走进你的生命，伴侣、儿女或父母都可能是你的安吉利娜。你唯一要练习的就是以他们的名字来呼唤你的安吉利娜，并感谢他们愿意成为你的安吉利娜。不要说安吉利娜从未走入你的生命，这绝对不可能！试着念念分明地坐下来，轻轻地呼唤她的名字："对不起，我的安吉利娜！你已经走入我的生命，我却不懂得珍惜，使你受苦，也使我自己受苦。我不是故意的，我是如此笨拙，不知如何以正念的修行来保护自己与你。我一定要重新来过。”如果你真的如此练习，安吉利娜就会回到你的身边。

保护我的安吉利娜

我也是戴维，我的生命中有很多安吉利娜。在我的禅房里，有大约一百张不同的安吉利娜的照片，他们都是我在法国与美国禅修中心的学生。在开始打坐之前，我总是先看看他们，向他们鞠躬，然后坐下来，发愿以一种不让我的安吉利娜离开的方式生活。我发愿要练习以正念说话、修习五戒，并永不背离我的安吉利娜们。如此一来，不但能避免让我的安吉利娜们受苦，而且还能带给她们快乐，这让我非常快乐。

如果你的安吉利娜已离开你，你会做什么让她回到你的生命里呢？或许她还在你身边，但是她就要离开你了。无论是哪种情况，练习保护你的安吉利娜都是很有意义的，它可以帮助你留住她或把她找回来。**请不要让自己迷失在抽象的概念里，心灵的教导是活的，能帮助你保护你的安吉利娜**。真正的智慧与慈悲来自接触真实的苦痛，这样的佛法是切实而有效的，能针对不同的情况对症下药。现在，就请用所有的时间与精力来反省，然后以这些问题问自己：“现在我的安吉利娜在哪里？我如何对待她？如果她已经离开，我应该做些什么好让她愿意回来呢？”

快乐心语

● 我们总是不能活在当下，我们习惯于将“好好地活”推向遥远的、不可知的未来。如果现在这一刻不能好好地活，那么我们可能终其一生都不曾好好地活过。

● “安住于当下吧”，当我坐在这儿时，不想其他任何地方，不想过去，不想未来。我坐在这儿，而且我知道我在哪儿，这是非常重要的。

● 人就好像一台有很多频道的电视机，我们转到佛的频道，我们就是佛；转到痛苦的频道，我们就是痛苦；转到微笑的频道，我们就是微笑。

● 禅修就是对正在发生和进行的事情保持觉照——我们体内的、感觉上的、心中的、世界上的，所发生的形形色色的事情。

● 行禅是指你真正地在享受行走，不是为了达到某个目标，而只是为了行走本身。目的是活在当下，享受你迈出的每一步。

第八章
爱生气的习气

- 如果你很清楚正在发生什么，那么当问题出现时你就能够看得很清楚，并且有助于防止问题进一步产生。

- 抚摸树，你和树都感到巨大的快乐。树是优美的、结实的、令人神清气爽的。你想拥抱一棵树，它永不会拒绝。

- 我们缺乏宁静的心境：我们的身体在这儿，可心却在别处——迷失在过去或未来中，被烦恼、沮丧、希望以及梦想所占据。

- 我们不必祝福朋友“愿宁静与你同在”——宁静已与他们同在，我们只要帮助他们培养起能时时刻刻觉知宁静的习惯就够了。

- 为了真正地了解自己的生活，我们一定要回头看，并且深入地观照。

- 如果我们的心不平静，听任希望或怒火在其中做主，就无法接受那些试图投影于心湖的事物的本来面目。

- 真正的智慧与慈悲来自接触真实的苦痛，这样的佛法是适切而有效的，能对不同的情况对症下药。

- 如果我们懂得如何照顾那个人，生命就会变得很有意义。但是如果不知如何照顾自己与习气，就不可能照顾我们的安吉利娜。

- 安吉利娜永远都在那里等你，对你的爱始终都在她的心里。她已准备好原谅你，只要你知道如何点一炷心香。

- 请不要让自己迷失在抽象的概念里，心灵的教导是活的，能帮助你保护你的安吉利娜。

第九章

专心拥抱愤怒

正念就像烹煮愤怒马铃薯的炉火，刚开始的几分钟，它会温柔地觉察与拥抱愤怒，效果开始慢慢出现，你的心会稍微获得解脱。

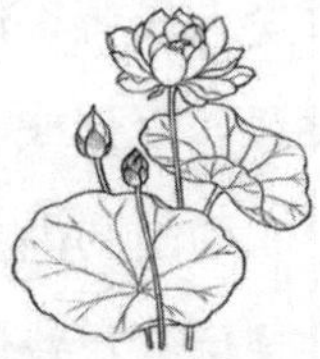

愤怒的“结”

我们的意识中存在许多痛苦、愤怒与挫折的障碍物，这些被称为“负面心行”或“结”。它们捆绑着我们，阻挡了心灵的自由。

当有人侮辱我们，或对我们不利时，意识就会产生负面心行。这时，如果你不知如何解开并适时转化，它便会在心里驻留。等下次又有人对你说出同样的话，或做出同样的事，负面心行就会愈来愈强大。**只要内心存有痛苦的“结”与障碍，负面心行就有力量驱使我们，控制我们的行为。**

慢慢的，一段时间后，就很难转化与解开这些结，也无法改变已经固化的心行，梵文称之为“结”（samyojana）[1]，意思是“固定成形”（crystallize）。因此，我们必须照顾负面心行，

---

① 即烦恼，“结”为“系缚”之义，盖烦恼系缚众生于迷境，令不出离生死之苦。

借由禅修解开心结，使内心获得转化与治疗。

不是所有的心行都会令人痛苦，但即使是快乐的心行也同样能使我们受苦。当你尝到、听到或看到某些令人愉快的事物时，那愉悦的感觉会转化成顽固的内在心结，而当这些事物消失时，你就会想念并开始寻觅，花费许多时间与精力想重新找回那种感觉。如果你曾抽过大麻或喝酒，便会开始慢慢喜欢那种恍惚的感觉，它就变成身心内的一个心行，你无法忘怀且总是想要获得更多。这心行的力量会一直驱使、控制你，终将夺走你内心的自由。

爱上一个人也是种强大的内在心行。一旦陷入爱情中，脑海里想的就只有这个人，再也不得自由。你什么事都无法做，无法读书、工作、欣赏夕阳或大自然的美景，只想着所爱的人。所以，我们将爱上别人当作一场“意外”，或称为“坠入爱河”。这场意外会使你陷进去，内心不再平静。因此，爱情也是一种心行。

愉快或不愉快的心行都会剥夺我们的自由，我们要小心地守护身心，不要让它们在内心生根。毒品、酒精、烟草都会在身体内形成一种心行，愤怒、渴望、嫉妒与绝望也会在内心制造负面的心行。

发泄只是训练你的攻击性

愤怒是种负面的心行，它使我们受苦，所以必须尽力去除它。心理学家会告诉我们："把它从你的身上赶出去。"他们说这是"发泄愤怒"，就好比让风把屋子里弥漫的烟雾吹散一样。有些心理学家会告诉我们，当愤怒生起时，就去捶打枕头、踢东西，或到森林里大声呼喊，好好地发泄一下。

记得小时候被禁止说一些脏话吗？父母不让你说，因为它会伤害别人，并影响你的人际关系。因此，你必须到树林或某个偏僻的角落，清楚而大声地把这些话喊出来，如此才能发泄内心压抑的感觉，这也是一种发泄愤怒的方式。

以捶打枕头或呼喊来发泄愤怒的人，其实只是不断地重复与强化愤怒。当他们以捶打枕头来发泄时，其实正在培养很危险的习惯，培养一种攻击性。相反的，当愤怒生起时，我们应该以正念的能量来拥抱它。

温柔地对待愤怒

正念并非用来打击愤怒与绝望的，而是要觉知愤怒与绝望的存在。所谓对某件事保持正念，是去觉知当下此事正在发生。正念是一种能觉知当下所发生的每件事的能力。当你心想："吸气，我知道愤怒正从心中生起；呼气，我要对愤怒微笑。"这并不是压抑或打击的行为，而是觉照的行为。一旦我们能觉知自己的愤怒，就可以用正念与柔情拥抱它。

当房间十分寒冷时，我们会打开暖炉让暖气送出。这时冷空气无须离开，房间就能暖和。冷空气其实是被暖气所拥抱了，它开始慢慢地变暖，两者之间并无冲突。

我们也要以这种方式练习照顾愤怒。当正念觉知愤怒时，是觉知它的存在，接受并允许它存在。正念就如大哥，他不会压抑弟弟所受的苦，只会对弟弟说："小弟！我在这里陪你。"他会把弟弟拥入怀中安慰，而这就是我们要做的修行。

想象一位母亲对哭泣的孩子生气并殴打，她忘了自己与孩子其实是一体的。**我们就是愤怒的母亲，必须帮助自己的孩子——愤怒，而不是打击或摧毁它**。在佛教里，禅修不是去打压、争执，而是要去拥抱与转化。

善用愤怒，善用痛苦

我们要在心中种下觉悟的树，必须充分利用不幸与痛苦。就如同莲花不能种植于大理石上，没有泥土，美丽的莲花便无法生长。

真正练习禅修的人，不会歧视或排斥内心的负面心行，也不会把自己变成战场或想打击邪恶的魔鬼，而是很温柔地对待苦恼、愤怒与嫉妒。当愤怒生起时，应该立刻开始练习念念分明的呼吸，并对自己说："吸气，我知道愤怒就在心里；呼气，我正在好好地照顾它。”我们要像母亲一样，心里想着：“吸气，我知道孩子正在哭泣；呼气，我会好好地照顾孩子。”这就是慈悲心的修持。

如果你不知道如何慈悲地对待自己，又如何能慈悲地对待别人呢？**当愤怒生起时，持续地练习念念分明地呼吸、走路，以聚集正念的能量，同时，也继续拥抱内心愤怒的能量**。即使过一段时间气仍未消，但你已经安全了，佛陀就在心里帮助你照顾愤怒。正念的能量就是佛陀的能量，当练习念念分明地呼吸与拥抱愤怒时，你就在佛陀的护翼之下，毋庸置疑，他正以慈悲拥抱你与你的愤怒。

给予并接纳正念的能量

当你生气时会觉得沮丧，所以要开始念念分明地呼吸、走路，慢慢地聚集正念的能量，它能让你觉知并拥抱痛苦的感觉。如果发现正念的力量不够稳固，就请师兄、师姊在身边陪你一起呼吸、走路，以他们的正念之力支持你。

修持正念，并不表示必须独自完成所有的事，你可以靠朋友的支持来修行，他们能为你聚集足够的正念，以照顾强烈的情绪。

当他人有困难时，我们也可以用自己的正念支持他们。当孩子正被情绪淹没时，可以握着他的手说：“亲爱的，深呼吸！跟着妈妈（爸爸）一起吸气、呼气。”我们也可以邀请孩子一起练习行禅，轻轻地牵他的手，一步步地帮助他冷静下来。当你把正念的能量传给孩子时，他就可以很快地冷静下来并拥抱自己的情绪。

觉察、拥抱、释放愤怒之苦

正念的第一个作用是觉察而非攻击。试着对自己说：“吸气，我知道愤怒正在心中浮现。你好，我的小愤怒！”然后吐气说：“我会好好地照顾你。”

一旦觉察到自己的愤怒，就要去拥抱它，这是正念的第二个作用，它是令人愉悦的修行。我们不但不打击坏情绪，还要细心地照顾它们。如果你知道如何拥抱愤怒，事情就会开始有转机。

这就好像煮马铃薯，盖上锅盖，等水煮开了，还得让它在炉子里煮上至少 20 分钟，马铃薯才会熟。愤怒就像马铃薯，而你不能生吃马铃薯，对吗？

正念就像烹煮愤怒马铃薯的炉火，刚开始的几分钟，它会温柔地觉察与拥抱愤怒，效果开始慢慢出现，你的心会稍微获得解脱。虽然这时你还在生气，但已经不再那么痛苦了，你已知道如何照顾孩子。所以，正念的第三个作用是抚慰与释放。虽然愤怒还未离开，但是它已获得照顾，情况已不像哭泣的孩子被忽略时那样糟糕。母亲正在照顾孩子，情况已得到控制。

保持正念

到底谁是那个母亲呢？她就是活在你心中的佛陀。这股能让人保持正念、能了解爱与关怀的力量，就是我们心中的佛陀。每次聚集正念时，心中的佛陀就会变得真实起来。有了心中的佛陀，就没有什么可担心的了。只要你知道如何保持心中的佛陀，一切就没事了。

能认识“佛陀在心中”是非常重要的，无论如何愤怒、无情、绝望，佛陀永远都在我们心中。这表示我们随时都有能力保持正念、了解与爱别人。

我们都需要练习念念分明地呼吸与走路，才能接触心中的佛陀。当接触到意识中那颗正念的种子，佛陀就会在心识中出现并拥抱愤怒。你无须担心，只要继续练习呼吸与走路，让心中的佛活着就好，一切就会没事的。心中的佛会觉察、拥抱、释放你的愤怒，也会深入地观照你愤怒的本质，并了然于心，而这了解将会为你带来转变。

正念的能量还包含专注与洞察的能量。专注力可帮助你把全部的心思放在一件事上。当你专注时，观照的能量就会变得很强，可以让你突破原先的想法，这就是洞察。能洞察事物，心灵就能解放而重获自由。如果你有正念，又知道如何保持，专注力自然就会生起；若能继续保持专注，对事物的洞察力就会产生。所以，**正念会觉察、拥抱与释放，帮助我们深入地观照，以获得新的洞见。洞察力是解脱的要素，能让心灵获得自由，并产生深层的转化**。这就是佛教徒练习照顾愤怒的方法。

意识中的“地下室”与“客厅”

我们可将意识比喻成一座房子，把它分成两部分，地下室就如藏识[①]，客厅就如心识。愤怒等负面心行会以种子的形式留在潜意识——地下室里，直到你听见、看见、阅读或思考某件事，正巧碰触到愤怒的种子，它就会浮现在心识——客厅。这时愤怒就变成一个能量区，弥漫在客厅的空气中，带来沉重而令人不悦的感觉。所以当愤怒的能量生起时，我们就会感到痛苦。

一旦愤怒浮现，修行者就会立刻借着念念分明地呼吸与走

---

① 根据佛教心理学，意识分为两层：上层为意识，好比“客厅”，下层为“藏识”，好比“地下室”。意识指的是一般清醒的心智，藏识指的是“潜意识”。藏识里既有喜悦、宽恕、专注的种子，也有愤怒、憎恨、绝望的种子。

路，让正念的能量浮现，如此另外一个能量区——正念的能量区就产生了。所以，平时练习如何念念分明地走路与呼吸、打扫与工作，是非常重要的。如此一来，每次负面的能量生起时，我们就知道如何聚集正念的能量来拥抱与照顾它。

心灵也需要良好的循环

每个人的身体里都有一些毒素，当血液停止循环时，就会累积在身体的某个部位。为了身体健康，器官必须将它们排出。按摩可以刺激血液循环，只要循环良好，就能滋养肾、肝与肺，而排出毒素。因此，好的血液循环对我们非常重要。多喝水与练习深呼吸，也能将毒素由皮肤、肺脏、尿液与排泄物中排出。所有帮助排毒的方法，都非常重要。

假设现在我身体的某部位很痛，那是由于里面累积太多毒素。每次当我碰触它，就觉得非常疼痛，这就犹如去碰触一个心结，而正念的能量与修持，就如在按摩内在的心行。**你的内心可能有许多折磨、痛苦、悲伤与绝望，这些都是意识中的毒素，你必须修持正念，才能拥抱与转化它们。**

我们的意识也可能循环不畅，当你以正念的能量拥抱痛苦与悲伤时，就是在按摩意识而非身体。当血液循环不畅时，器官便无法正常运作而生病。同样的，当心灵循环不畅时，心也会生病。正念的能量，正可以帮助我们刺激与加强流经痛苦部位的循环系统。

是什么占据了我们的“客厅”？

我们内心的障碍——痛苦、悲伤、愤怒与绝望，总想浮上来占据意识，进入客厅。因为它们已经长大且需要关注，但即使它们想出来，我们也会因正视它们而感到痛苦，不愿它们得逞。所以，我们试图阻挡它们的去路，希望它们继续在地下室沉睡，而习惯请其他客人来占据客厅，只因不想面对它们。一旦我们有十几二十分钟的空闲，这些负面的心结就会涌上心头，把客厅弄得凌乱不堪。为了避免这种情况，我们会读书、看电视或开车兜风，借某件事占据客厅，以免令人不悦的负面心行浮现。

所有的心行都需要良好的循环，但是我们不愿感觉痛苦，而想深锁它们，深恐它们一浮现，就会受尽苦楚。所以平常就习惯让其他客人占据客厅，譬如电视、书籍、杂志与聊天等，以避免负面心行的出现。当持续下去时，心灵就会循环不畅，心理疾病与焦虑的症状，便一一体现在身心上。

有时我们头痛，即使服用阿司匹林也无法消除，这可能就是一种心理疾病的症状。有时我们认为对某种东西过敏是种生理现象，但事实上，过敏也可能是心理疾病造成的症状。这时医生会建议吃药，但我们继续压抑负面的心行，而让病情恶化。

让最讨厌的“客人”宾至如归

一旦解除阻挡痛苦浮现的禁令，你很自然地会受点苦，这是无法避免的，所以佛陀说必须学习拥抱痛苦。因此，修持正念十分重要，你能聚集一股强大的力量来觉察、拥抱并照顾负面的能量。佛陀就以正念的能量活在心中，你可以请他帮助你拥抱这些心结。如果它们不想浮现，你就把它们诱哄出来，等好好地拥抱一段时间后，它们就会回到地下室，再度变回心的种子。

佛陀曾说过，每个人内心都有颗恐惧的种子，但大多数人只会压抑并将它锁在阴暗的角落里。为了帮助我们觉察、拥抱并深入观照它，他教导以下 5 句偈语①：

一、我终究会老去，无法避免衰老。

二、我终究会生病，无法避免疾病。

三、我终究会离开人世，无法避免死亡。

① 就是预言的话，即佛经中的唱颂词。

四、所有我珍爱的事物与所爱的人，也终究会改变，有天我自然要与他们分离。我什么都留不住，我空手而来，将空手而去。

五、我真正拥有的只有所做的一切，我无法避免自己所种下的果。我所做的一切，就是我的依归。

我们必须每天如此练习，跟着呼吸花几分钟深思其中的含义。只要认真练习这5句偈语，恐惧的种子就会得到良好的循环。我们一定要把这颗种子请上来，才能觉察、拥抱它，等它再回到地下室时，就会变得更小了。

当如此真诚地邀请恐惧的种子上来时，我们也准备好要照顾愤怒。**恐惧赋予愤怒生命，当恐惧时，心完全无法平静，恐惧成了滋养愤怒的土壤**。愤怒基于无知——缺乏真正的了解，是造成愤怒的另一个主因。

如果你将负面的心行沉浸在正念之中，痛苦就会逐渐减轻，愤怒也变得不再危险。因此，每天给愤怒、绝望、恐惧泡个“正念浴”吧！这就是修行。如果心中没有正念，当负面的种子浮现时，便会坐立难安。但只要了解如何聚集正念的能量，每天邀请它们上来，并拥抱它们，就能深具疗效。你每天都如此邀请负面心行上来，再帮助它们回去，在几天或几星期后，心灵的良好循环就会重新运作，心理病症也会随之消失。

正念的工作就是替负面心行与痛苦按摩，你必须让负面心行流动，但唯有先消除对它们的恐惧，才有可能做到。如果你学会不害怕痛苦的心结，就能进一步学会如何以正念拥抱、转化它们。

快乐心语

- 我们必须照顾负面心行，借由禅修解开心结，使内心获得转化与治疗。

- 愉快或不愉快的心行都能剥夺我们的自由，所以我们要小心地守护身心。

- 正念并非用来打击愤怒与绝望，而是要觉知愤怒与绝望的存在。

- 真正练习禅修的人，不会歧视或排斥内心的负面心行，也不会把自己变成战场。

- 正念的能量就是佛陀的能量，当练习念念分明地呼吸与拥抱愤怒时，你就在佛陀的护翼之下。

- 正念的第一个作用是觉察而非攻击。一旦觉察到自己的愤怒，就要去拥抱它。

- 我们都需要练习念念分明地呼吸与走路，才能接触心中的佛陀。

- 能洞察事物，心灵就能解放而重获自由。

- 我们不必四处奔波寻觅真理，只需静止下来，事物自然就会在心湖的静水中展现。

- 我们必须练习专注地呼吸，以便当困难的时刻来临，强烈的情绪控制了我们时，知道如何应付。

- 正念的修持十分重要，可以聚集一股强大的力量来觉察、拥抱并照顾负面的能量。

- 我真正拥有的只有所做的一切，我无法避免自己所种下的果。我所做的一切，就是我的依归。

- 愤怒基于无知——缺乏真正的了解，是造成愤怒的一个主因。

第十章

专注呼吸

你躺下来时，开始练习专注呼吸，慢慢地聚集正念的能量。从头部开始，以正念的爱的光束逐一扫描全身，直到脚底，这正是你向身体表达关怀、爱与专注的最佳方式。

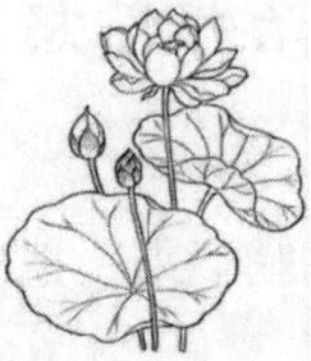

以呼吸照顾愤怒

当愤怒、嫉妒与绝望的能量生起时，我们应懂得如何处理它，否则就会被这些情绪淹没，而遭受极大的痛苦。念念分明地呼吸，就是一种可以帮助我们照顾情绪的修行方式。

为了能好好地照顾情绪，必须先学会如何照顾身体，我们可以先从感觉呼吸开始，慢慢地感觉身体。“吸气，我感觉整个身体；呼气，我感觉整个身体。”慢慢地将心带回身体，以念念分明的呼吸中所聚集的正念能量拥抱身体。

平时我们可能因忙于生活琐事而忘了身体的重要性，但此时，身体可能已经潜藏各种疾病，我们却浑然不知。因此，我们必须懂得如何回到身体，以正念拥抱它，就如慈母拥孩子入怀一般。我们先将全身当做一个整体，好好地拥抱它，然后再分别拥抱眼、鼻、肺、心、胃、肾等器官。

深度放松以拥抱、治疗愤怒

最佳的练习姿势就是躺下来，把注意力放在身体的某个部位，例如心脏。吸气时，开始感觉心脏；呼气时，就对它微笑，把爱与温柔传递给心脏。

正念的能量就如一道光束，能使人清楚地看到身体的每个器官。虽然现代的医疗仪器也可扫描全身的器官，但是扫描仪器的光束是 X 光，与正念所发出的爱的光束完全不同。

我们称这种以正念光束扫描身体的修行为“深度放松”(参见附录四)，这是练习念念分明的呼吸的另一种方法。你可以对自己说：“吸气，让整个身体放松下来；呼气，让整个身体平静下来。”当身体由于焦虑而紧绷时，只要以正念的能量拥抱，它立刻就能放松而再度平静下来。一旦身体的功能开始自然地运作，它就获得治疗了，心也会随之放松，而获得治疗。

从这样的教导中，我们明白呼吸是身体的一部分。当我们对某件事感到恐惧、愤怒时，呼吸就会变得浅而急促。一旦你明了如何开始练习念念分明地吸气、呼气，逐渐放缓呼吸，只消几分钟，就能大大地改善呼吸的质量。这时呼吸会变得比较轻、平静且调和，心也会逐渐平静下来。

呼吸就如禅坐是门艺术，你必须灵巧地掌握吸气、呼气，身心才能调和。如果以暴力的方式控制呼吸，你就无法为身体与意识带来片刻宁静。但只要呼吸变得平静而深沉，你就可以继续以此方式拥抱身体其他部位。

你躺下来时，开始练习专注呼吸，慢慢地聚集正念的能量。从头部开始，以正念的爱的光束逐一扫描全身，直到脚底。你可能需要花半小时来做这件事，而这正是向身体表达关怀、爱与专注的最佳方式。

我们每天练习念念分明地呼吸至少一次，你可以安排固定的时间练习，譬如在睡前。你也可以全家一起舒服地躺在地上，全身放松二三十分钟，关掉电视，请全家人一起来练习。刚开始练习时，你可以用录音带来带领，之后，可由其中一人负责带领大家练习，帮助每个人慢慢静下来，好好地照顾身体。

穿越情绪的风暴

有些很简单的方法可用来照顾强烈的情绪，其中之一是“腹式呼吸”——以下腹部呼吸。当我们被强烈的恐惧或愤怒等情绪困扰时，对治的方法就是将注意力集中在下腹部。如果此时你仍不停地思考，这是非常危险的。情绪就如一场暴风雨，而你正站在暴风雨中央，这是何等危险啊！但大多数人都习以为常，停留在烦恼上让情绪淹没。我们无须如此，而要将注意力往下放，才能根除痛苦。要专注在腹部，练习念念分明地呼吸，可以或坐或躺着练习，将全部的注意力放在呼吸的起伏上。

当你看着暴风雨中的大树，就会发现树梢是最不稳固且脆弱的，细小的树枝随时都可能被巨大的狂风摧折。但若往下看粗壮的树干，就会看到完全不同的景象——树依然屹立，能抵挡暴风雨。**我们就如一棵树，头部正经历一场情绪的风暴，所以要将注意力往下置于丹田，开始练习念念分明地呼吸，完全专注在呼吸与腹部的起伏上**。这样的练习非常重要，可帮助我们发现，虽然情绪如此强烈，它只不过驻足一会儿便离去了，并不会永远停留。如果每逢艰难的时刻，你都能以这样的方式训练自己，便能安然度过这些风暴。

你必须觉知情绪只是情绪，它来了，停留一会儿便走了。为何要为这样的情绪而结束生命呢？除了情绪外，生命里还有其他值得珍惜的事物。请牢记这点，当你面临危机时，保持觉醒的心继续练习呼吸，情绪一定会离开。等你成功地做过几次之后，就会对自己与这样的修行方式更具信心。让我们停止把自己困在无明的念头与感觉中吧！让我们将注意力转移到下腹部与呼吸上吧！不用害怕，风暴终将过去。

第十章
专注呼吸

觉知与拥抱负面心行

为了让身体获得平静，我们以正念拥抱它。同样的，这方法也可以应用在照顾心行上。“吸气，我清楚觉知心行；呼气，我清楚觉知心行。”在佛教心理学中，共有51种心行，其中负面的有愤怒与嫉妒等心行，而正面的有正念与平静等心行。

当体验到快乐与慈悲等正面的心行时，我们应该以深呼吸好好地觉察它。当以念念分明地呼吸拥抱快乐与慈悲时，它们就会乘上10倍、20倍。因此，念念分明地呼吸，可以让它们在心里停留久一点，且更深刻地体会它们。所以，**正面的心行——喜悦、快乐、慈悲生起时，好好地拥抱它们，是非常重要的，它们正是帮助我们成长的心灵的粮食**。佛教说“禅悦为食”，当喜悦的感觉从禅修、正念中生起时，就会不断地滋养与支持我们。

同样的，当负面的心行——愤怒、嫉妒生起时，我们也应该回到自己，温柔地拥抱它，以念念分明的呼吸使它平静下来，就如母亲抚慰正在发烧的孩子。所以，你对自己说：“吸气，我正在让负面心行冷静下来；呼气，我正在让负面心行冷静下来。”

愤怒的种子，慈悲的种子

我们常将意识比喻为泥土，各种心行的种子就埋藏在藏识（潜意识）中。它们会发芽，然后浮现到心识（意识层）中，停留一段时间后，又以种子的形式回到潜意识。

慈悲心也以种子的形式停留在潜意识中，每次只要我们碰触或灌溉其中一颗种子，它就会涌现到心识——最上层的意识中。**如果快乐或慈悲的正面种子，获得灌溉而萌芽，就会让我们感到无比喜悦；但如果灌溉的是嫉妒等负面种子，就会使我们感到非常痛苦**。当快乐与愤怒默默地埋藏在土里，而无人碰触时，就称其为“种子”，但当它们浮现到心识上，就称其为“心行”。我们都应能辨认出愤怒有两种形式，一是埋藏在潜意识里的种子，二是浮现到意识层活跃能量区的心行。所以，我们必须知道，即使愤怒还未浮现，它永远都在。

每个人的深层意识中，都潜藏着一颗愤怒的种子。当它还未浮现时，你完全都不觉得生气，也不会对任何人感到不满。你感觉好极了，整个人神清气爽，容光焕发，还可以与人谈笑风生。但这并不表示愤怒不在你心里，它可能未在心识中显现，但还在潜意识里。一旦有人对你说了什么话或做了什么事，不小心碰触到心中那颗愤怒的种子，它立刻就会出现在你的客厅里。

所谓好的修行人，不是指心中没有愤怒、痛苦的人，因为这完全不可能，而是懂得如何在愤怒、痛苦生起时，立刻照顾它们的人。相反的，一个没有修持，不知如何处理愤怒的人，当愤怒的能量生起时，很容易就会被这情绪所淹没。

如果我们学习过正念的修行，就不会被愤怒淹没，因为你会邀请正念的种子来照顾它。而且，念念分明地呼吸与走路，可以帮助你达成这个目标。

以正念的呼吸觉知习气

每个人都有习气，如果总照着习气做事或说话，就会伤害自己与他人的关系。但即使我们有如此的认识，还是不免随着感觉而以愤怒行事。因此，**很多人都在与人相处中，制造许多痛苦，总要等到伤害已经造成，才悔不当初，发誓不再重蹈覆辙**。你真诚忏悔，满怀善意，但当相同的情况再度发生时，又会不由自主地做出同样的事或说出同样的话。因此，你一次又一次地带给别人相同的伤害。

这时，聪明才智与满腹经纶都无法帮助你改变习气。只有透过觉知、拥抱与转化的修持，才能真正地获得帮助。所以，佛陀告诫我们，**当习气出现时，要练习念念分明地呼吸，去觉**

知并好好地照顾它。如果能以正念的能量拥抱习气，你便安全了，不再犯下同样的错误。

有位美国朋友曾与我们在梅村度过 3 个星期快乐的时光。在这段时间里，他表现得非常沉稳、慈悲，又善解人意。有一天，师父们请他为僧团采购感恩节的用品。在采购时，他突然发现自己竟是这般匆忙，急着想买完东西赶回梅村去。

这是他 3 个星期以来，第一次有匆促得想要赶紧完成事情的感觉。在梅村里，他身边都是沉稳、有修持的朋友，所带给他的都是正面的能量，因此，那种匆忙、给自己制造压力的习气，完全没有机会浮现。等到他独自进城采购，没有正面能量的支持时，心中习气的种子便立刻生起。

他立刻觉知自己的习气，且领悟到是从母亲传袭而来。以前母亲总催促他赶快把事情做完。透过如此的洞察，他开始练习念念分明地呼吸，并说："嗨！妈妈，我知道你在那里。"这念头一生起，匆忙的能量立刻便消失了。他觉知自己的习气，念念分明地拥抱它，并成功地转化它。他又重新获得在僧团所体验的平静与沉稳。他明白能如此成功转化习气，完全是由于在梅村 3 个星期的修行。

每个人都有能力这么做，无论习气何时生起，我们要做的只是去认识它，并轻轻地呼唤它的名字。我们念念分明地呼吸，对它说："嗨！我的嫉妒；嗨！我的恐惧；嗨！我的焦躁与愤怒。我知道你们在那里，我会在这儿帮助你们，我会好好地照顾你们，并且以正念拥抱你们。”吸气，向习气问好；呼气，对它微笑。只要能如此照顾它，它就不再控制我们，我们就安全且获得解脱了。

快乐心语

- 念念分明地呼吸，就是一种可以帮助我们照顾情绪的修行方式。

- 正念的能量就如一道光束，能使人清楚地看到身体的每个器官。

- 呼吸就如禅坐是门艺术，你必须灵巧地掌握吸气、呼气，身心才能调和。

- 当我们被强烈的害怕或愤怒等情绪困扰时，对治的方法就是将注意力集中在下腹部。

- 当喜悦的感觉从禅修、正念中生起时，它就会不断地滋养与支持我们。

- 每个人的深层意识中，都潜藏着一颗愤怒的种子。

● 所谓好的修行人，不是指心中没有愤怒、痛苦的人，而是懂得如何在愤怒、痛苦生起时，立刻照顾它们的人。

● 聪明才智与满腹经纶都无法帮助你改变习气，只有透过觉知、拥抱与转化的修持，才能真正地帮助你。

第十一章

重建净土

正念的修行是觉察、拥抱愤怒的修行，帮助你打开心中那扇地狱的门，并转化它，以拯救自己与其他陷在其中的人，让你们重回净土、天堂。

快乐第一

在生活中，我们经常需要做决定。有时做决定非常困难，使我们不得不面临痛苦的选择。但是，如果我们很清楚什么对我们最重要，什么才是生命中最深切的渴望，这决定的过程就会变得比较容易，内心也不会受到太多的煎熬。

譬如你很想出家，但这不是个简单的决定。如果不是百分之百地确定自己想要这么做，就千万不要贸然行动，必须比百分之百还要确定，才是真的想要如此做。当你觉得想要修行的感觉已胜过一切，那么其他事物就变得不重要了，你就会比较容易抉择。

我在越南曾写了三本佛教史的书，获得广大的反响，我还想写本很重要的书，是这个系列的第四本，内容有关 1964 年至当代的越南佛教史。这是个令人兴奋又有趣的工作，因为这段时期正是我成长的年代，我手边有很多第一手数据。如果我不把它写出来，可能再也没有人经历过与我相同的时代，或有如此直接的经验来撰写，若由别人撰写就可能会与史实有所出入。而且，我相信它可以帮助许多人了解更多佛教的发展与修行方法。

我有历史学家的一面，而我非常喜欢扮演这角色。我喜欢发现真相，把新的事物带给别人，并指引年轻一代一条新的道路。我希望他们可以从前人所犯的错误与获得的成功中学习到许多事。我真的很想撰写这本书，但现在还无法动笔，因为有其他更要紧的事要做，譬如要帮助周围的人化解痛苦。即使我知道这本书非常重要，也已掌握所有需要的数据，但我无法成为学者或历史学家，因为这需要一年的时间才能完成。换句话说，如果我真的开始撰写，就得停止所有的禅修活动、讲经说法与心理咨询，但这些都是非常重要的事。

每个人都有很多事要做，所以必须决定什么是最重要的。要获得大学学位得花上 6 年，甚至 8 年，这是段漫长的时间，你可能相信它对你将来的幸福非常重要。也许是吧！但或许还有别的事对你的幸福更加重要，譬如努力改善与父母或伴侣之间的关系，你是否有时间去做呢？你是否愿意花时间做好它呢？改善与所爱的人之间的关系，对你也非常重要。如果你愿意花 6 年时间拿到一个学位，那是否有智慧花相同时间改善与别人的关系呢？或用这段时间来面对自己的愤怒呢？这么长的一段时间，不仅能带给你与所爱的人幸福、稳定的关系，还能重建你们之间的沟通之门。

用心写出你自己

最近，有位美国大学教授来梅村拜访我。他很急切地想写一本关于托马斯·莫顿（Thomas Merton）① 与我的书，他想与我谈谈这件事。但我立刻回答他："你为何不写本关于你自己的书呢？为何不把所有时间放在能让自己与身边的人感到快乐的事上呢？这比写一本关于托马斯·莫顿与我的书还要重要。现在已经有很多关于托马斯·莫顿的书了。"这时我的朋友既热情又满怀善意地说："可是还没有人写关于你的书啊！"我回答他："我不在乎是否有本关于我的书，但是我非常在乎你是否能写本关于你的书。**用你的心去把自己写出来吧！把自己转化成佛法、修行的法器②，如此一来，你就能成为自由、快乐的人，并能帮助身边的人快乐起来。**"

对我而言，最重要的就是建立我与学生之间的良好关系。

---

① 托马斯·莫顿（1915—1968）为美籍神父，是天主教特拉普教派苦修士，致力于基督教重新联合、礼拜仪式改革、和平运动、种族共睦。人称 Father Louis，在泰国曼谷去世。

② 又称佛器、佛具、法具，用于祈请、修法、供养、法会等各类佛事的器具。

我必须让其他人也懂得修行并转化自己，这是件有成就感又令人愉悦的事。每次当有人能成功地转化自己的痛苦，并重建与他人的关系时，我就觉得是个了不起的成就。这不只是他个人的成就，也是整个团体与我们自己修行的成就，它鼓舞着我们每个人。前面我们曾提到梅村有位法师，在很短的时间内成功地帮助一对母女重归于好。她那次的经验真是个了不起的成就，大大地增强了她与我们对修行的信心。

如果你与某人之间有些问题，觉得她只想让你受苦，且没有任何方法可帮助她，那你就还未真正地开始实践佛陀的教导。如果你觉得完全无法与她对话，那是因为你修行的经验不足，其实你是可以做到的。很多人会问："如果那个人根本不想与你合作，听你说话呢?"如果那人现在真的不想听你说话、与你交谈，或与你一起解决问题，那么你就要继续修行转化自己，耐心地等待和解机会的到来。

如果你能写本关于自己的书，书写的过程将能帮助你深入地观照自己痛苦的根源，并找到转化的方法，也将让你成为自由、快乐的人，同时为身边的人带来幸福快乐。

慈悲的甘露

在与别人和解之前，你应该先以慈悲的甘露滋养自己。慈悲来自了解，了解对方也正在受苦。我们常会忘记这件事，只看到自己的痛苦，且放大它，心里不停地想："没有人像我如此痛苦，我是唯一受这么多苦的人。"但是如果有个团体在背后支持你，你就可以深入地观照，而且会发现原来对方也深受痛苦。

你生气的对象可能未获得足够的支持，一直无法走上可提升自己的修行之路，而身为朋友的你，也未尝试帮助他，其实你连自己都无法帮助。但佛法的教导与僧团的存在就是为了以慈悲的甘露来滋养我们，佛法在当下就能切实地为我们带来改变。

离开妄念的囚牢

你不该让自己像部机器，只是机械式地修行，而要运用智慧。如此一来，你的每个步伐、每次呼吸，才能觉得愈来愈好。每当你念念分明地用餐、喝茶，也会觉得愈来愈好。**去感受周遭美好的事物与生命的美妙，打开心让所有美好的事物与能提升你的能量进入，慢慢地滋养内心，这就是你首先要做的事。**

那些纷乱的念头无法滋养我们的内心，事实上它们时常成为修行的障碍或囚牢。只有离开它们，才能真正地接触到生命的本质，了解生命的美好。向身边懂得快乐与爱的朋友学习，你身边一定有这样的人。他们从未与人发生摩擦，能包容所有的人，同时也非常知足。我们应该培养这种快乐的能力，为何同住在一样的环境，享受相同的幸福，别人可以如此快乐，我们却无法快乐呢？到底是什么阻挡了我们的快乐？

用爱与善意去写信

如果你已经受过爱语与谛听的训练，就可以与对方直接沟通以解决彼此的冲突。但是如果你还未确定有足够的平静、沉稳与慈悲，还不能维持心中的清新、爱与宁静，就可以试着写信。写信是个很重要的练习，因为即使你有很好的动机，但是修行不够扎实，还是有可能因别人而恼羞成怒，无法作出好的响应，而破坏大好的机会。所以，写信是比较安全又简单的沟通方式。

写信时，你可以坦诚地面对对方，告诉她（他）曾做了什么让你感到痛苦、伤心，写下你所有的感觉。这时要练习保持冷静，以比较温和的语言，用爱与善意把心中的话写下来。试着以对话的方式书写，你可以这么写："亲爱的！或许我只是自己错误认识的受害者，我在此所写的可能未反映出事实的真相。但这是我真实的体验，也是内心真正的感受。如果我所写的有任何错误，就让我们一起坐下来，好好地把整件事看清楚，一起厘清我们之间的误会吧!”

在佛教的传统中，当法师要传法给请法者时，他们总是从团体的角度出发。我并不是说这角度一定完美，但这是他们能采取的最好方式。闻法者会从法师的开示中听到这样的话：“当我们如此教导时，我们明白可能有些事自己不完全了解，在你身上也许还有些正面积极的特质，我们还未看见，僧团也可能还有些错误的知见。”当你写信给对方时，也该如此写：“如果你认为我的看法错误，请纠正我。”用爱语写下这封信。如果其中有哪句话语气不太好，可试着换成较婉转的句子。

在这封信中，必须让对方感受到我们真的了解他的痛苦：“亲爱的！我知道你已经吃了很多苦，也知道你不该为所有的痛苦负责。”由于你已练习深入地观照，也发现造成对方痛苦的根源与起因，现在就能与他分享心得。你也可以告诉他你所受的痛苦，并让他知道你已明白为何过去他会有那样的言行。

花一两个星期，甚至三个星期把信写完，这是封很重要的信，比我写第四卷的越南佛教史，或写关于一行禅师与托马斯·莫顿的书都来得重要。它攸关你的幸福，花在它上面的时间比花一两年写完博士论文还要重要。论文绝对没有它重要，它是能让你突破障碍，与对方重建沟通的最好方法。

当写这封信时，你并不孤单，师兄、师姊们会像阳光般温暖你，帮助你完成，你需要的支持就在身边与团体中。如果完成一本书，一般都会先请朋友与专家提供宝贵的意见，同样的，同修的朋友都是专家，他们都修习了谛听、深入观照与爱语。

对所爱的人而言，你就是最好的医生、咨询师，所以要先把信拿给别人看，让朋友看看你的语气是否温柔、冷静，对事情的观照是否深刻。之后，你可以再拿给另一个人看，直到你觉得这封信真的能让所爱的人内心获得转化与治疗。

你愿意放多少时间、精力与爱在这封信上呢？有谁能拒绝帮助你去做如此重要的事？你写信的对象是个你如此在乎的人，能重建与他之间的沟通，对你实在太重要了。这人可能是你的父亲、母亲、儿女或伴侣，他或许现在就坐在你身边。

重建净土

记得当你刚与他开始交往时，他曾向你承诺要好好地爱你、照顾你。可是他现在却与你如此疏远，不再看着你或牵你的手，也不再与你同行，你因此非常痛苦。记得刚开始谈恋爱时，你宛如置身天堂，他是那么爱你，让你非常快乐，但是现在他好像不再爱你，且弃你于不顾。他甚至可能期待另一个人出现，好开始另一段感情。你的天堂变成地狱，怎么也走不出来。

这地狱到底是从哪里来的呢？是否真的有个人把你推到地狱里，让你留在那里呢？这地狱其实是由你的心、念头、错误的认识所创造。因此，只有你的心可以让它消失，使自己重获自由。

正念的修行是觉察、拥抱愤怒的修行，就是要打开你心中那扇地狱的门，并转化它，以拯救自己与其他陷在其中的人，让你们重回净土、天堂。这绝对是可能的，而你就是那个要先采取行动的人。当然，其他修行的朋友也会以所学的智慧、正念与爱的力量帮助你。

如果成功地重建你与别人的关系，你们都会变得很快乐，这就是个很大的功德。每个人都会为你的成功而欢喜，也会对修行的道路更有信心。借由别人的支持，你一定能转化心中的地狱，重建内心的净土，重享生活中的宁静与和平。你立刻就能如此做，现在就开始写信。你会发现只要一支笔、一张纸即可修行，即能转化你们之间的关系。

花一整天来写

当你坐着、练习行禅、工作、打扫、做饭时，不要去想这封信的内容。其实，你所做的每件事都与这封信息息相关。

当真正坐下来写信时，只是把你的感觉写在纸上。这并不是信真正诞生的时刻，它其实是在你浇花、练习行禅、为身边的人做饭时诞生的。所有的修行都能使你的心变得更沉稳、祥和，你所聚集的正念与专注力，将能帮助心中的智慧与慈悲的种子萌芽。如果你的信是以一整天聚集的正念所写，那么一定是封非常好的信。

完美地活在每个当下

大约 15 年前，当我在美国时，有位美国佛教学者来访。她对我说："亲爱的上师①！你写的诗如此美丽。但是你却花了那么多时间种菜、做杂事，你为何不多花一点时间来写诗呢？"她大概是在哪里读到我很喜欢种菜、照顾小黄瓜与莴苣的文章。她非常理性地看待这件事，所以建议我不要浪费时间在菜园里，而该好好利用时间写诗。

我这样回答她："我的朋友！如果我不种菜，就写不出那样的诗了。"我说的是真的。如果你不能专注地、充满正念地生活，未活在每个当下就无法写作，无法写出对其他人有价值的东西。

---

① 佛教对具有高德胜行、堪为世人轨范者之尊称。

第十一章
重建净土

诗就如你献给别人的一朵花，或慈爱的眼神、微笑，或充满善意的举动，都是一朵开在正念与专注树上的花。即使你在做饭时未想着它，它已在无形中写就。如果要写个故事、一本小说或一出戏，我可能要花几星期才能完成，但这故事或小说早就已在那里了。同样的，虽然你还未想到要给所爱的人写些什么，这封信已在你深层的意识中完成了。

你不可能只是坐着就写出好小说，还必须做其他事，如喝茶、吃早饭、洗衣服、浇花。**你花在这些事上的每分每秒都非常重要，要好好地做，让自己全心投入在做饭、种菜、洗碗上，真正地享受所做的每件事，且深深地喜欢去做**，这对你要写的故事、信或其他东西都很重要。

开悟、洗碗与种菜不能分开，学习每一刻都以正念与专注的心生活，这就是我们的修行。每件艺术品的创作都来自生活中念念分明的时刻，你真正开始作曲或写诗的时间只是开始生产，你心中必须已怀有这个孩子，才能生下他。如果这孩子不在你心里，即使坐在桌前好几个小时，还是什么都生不出也写不出来。你对事物的洞察、慈悲心与能写出动人作品的才华，都是绽放在你修行树上的花朵。因此，我们应该好好地利用生活中的每一刻，好让这样的洞察与慈悲能开出美丽的花朵。

转化的礼物

怀孕的母亲只要一想到肚里的孩子就非常高兴，孩子虽然还未出世，但他已经让妈妈非常快乐了。她无时无刻不感觉到孩子的存在，所做的一切都完全出自对孩子的爱，包括进食。她知道若没有爱孩子就不会健康，所以始终很谨慎。她知道如果做错什么，譬如抽很多烟、喝很多酒，就会对孩子造成不良的影响，所以她总是念念分明地以爱心而生活。

修行人也要像母亲一样地生活，我们知道自己真的很想为人类、世界贡献什么。每个人的内心其实都有一个孩子、一个小活佛，这小活佛就是我们可以献给世界的美好礼物。我们必须以正念去生活，才能好好地照顾心中的小活佛。

事实上，是心中佛的能量让我们可以写下爱的书信，能与他人重修旧好。**一封爱的信应该是以洞察、了解与慈悲所写，否则它就不是封爱的信。真爱的信可以转化别人，也能为世界带来改变**，但是在这封信于别人心中发酵之前，必须先能在你心中产生改变，你可能要花一生的时间来写这封爱的书信。

第十一章

重建净土

快乐心语

- 我们慢慢地走，但不要太慢，以免别人认为我们不正常。这是种看不见的修行方法，我们可以在不妨碍别人的前提下，充分地体会自己的天性，享受自己的宁静。

- 我们会微笑，而遍宇宙间的无数菩萨也会向我们报以微笑，因为我们的宁静是如此深邃。

- 把自己转化成佛法、修行的法器，如此一来，你就能成为自由、快乐的人，并能帮助身边的人快乐起来。

- 在与别人和解之前，你应该先以慈悲的甘露滋养自己。慈悲来自了解，了解对方也正在受苦。

- 你不该让自己像部机器，只是机械式地修行，而要运用智慧。如此一来，你的每个步伐、每次呼吸，才能觉得愈来愈好。

- 了解意味着明了对方心中的黑暗绝望、烦恼痛苦以及它们的程度。如果你不了解这一点，你为她做得愈多，她可能愈痛苦。

● 我们倾听是为了减轻或消除倾诉者的痛苦，而不是为了评判她或同她争论。

● 当我们能平和、愉快地走路时，我们就是在为全人类的和平和幸福作着贡献。

● 正念的修行是觉察、拥抱愤怒的修行，是要打开你心中那扇地狱的门，并转化它，以拯救自己与其他陷在其中的人，重回净土、天堂。

● 所有的修行都能使你的心变得更沉稳、祥和，你所聚集的正念与专注力，将能帮助心中的智慧与慈悲的种子萌芽。

● 我们把自己交付给树木、飞鸟和可爱的孩子，让它们来净化我们。否则，就只能淹没在烦恼中难以自拔了。

● 开悟、洗碗与种菜不能分开，学习每一刻都以正念与专注的心生活，这就是我们的修行。

附录一

和好约定

来到梅村的夫妻、家庭或朋友们，常常会在典礼中，签下这纸约定，让大家见证他们的誓言。不过，请记得，你可以依照自己喜欢的方式更改约定的内容。这纸约定的最后一部分，是给佛教徒参考的，你可以依照自己的信仰来更改它的内容。

为了让我们可以长久快乐地相聚在一起，继续不断地延展、深化爱与了解，我们在此发愿遵守与修习以下几个事项：

一、生气的人，同意做到以下几件事情：

（一）避免任何可能造成进一步伤害或愤怒的言语与行为。

（二）不压抑愤怒。

（三）练习念念分明地呼吸，回到自己，好好照顾愤怒。

（四）在 24 小时之内，用说话或写和解纸条的方式，把我的愤怒与痛苦，冷静地告诉那个让我生气的人。

（五）我要用说话或写信的方式，与对方在这个星期内约定一个时间，可能是星期五，一起将整件事讨论清楚。

（六）我绝不说："我一点都不生气。没有关系！我一点都不觉得痛苦，没什么好生气的。"

（七）当我坐着、走路、躺着、工作或开车时，我要深入地观照自己的生活，如此才能清楚地看到以下几件事：

1. 有时候我真的很不成熟。
2. 我因为自己的习气而伤害他人。
3. 原来心中那颗愤怒的种子，才是我愤怒的主因。
4. 原来他人只是次要的原因。
5. 原来他只不过是想从自己的痛苦中解脱。
6. 只要他继续受苦，我也不可能真正拥有快乐。

（八）一旦我觉察到自己原来是如此不成熟，且缺乏正念，就立刻向对方道歉，不会等到星期五晚上才告诉他。

（九）如果我觉得自己还无法冷静地面对对方，我会先将星期五的约会延期。

二、使对方生气的人，同意做到以下几件事：

（一）尊重对方的感觉，不去讥笑他，给他足够的时间冷静下来。

（二）不要求对方立刻坐下来讨论整件事。

（三）用口头或写纸条的方式，与对方确认约定的时间，并且向他保证，我一定会到场。

（四）如果我觉得可以道歉，就会立刻这么做，不会等到星期五晚上。

（五）练习念念分明地呼吸，深入地观照自己，去了解：

> 由于心中愤怒的种子与累世带来的习气，我让他人感到不快乐。我误以为让对方痛苦，可以减轻自己的痛苦，但事实上我使他如此痛苦，也带给自己更多痛苦。

（六）当我认识到自己的不成熟与缺乏正念时，会立刻向对方道歉，不会为自己的错误辩驳，也不会等到星期五才做这件事。

我们在此发愿，在佛陀与僧伽的见证下，诚心地遵守并实践这些誓约。祈请三宝的护念与加持，带给我们光明与信心。

签署人：__________________　　__________________

年　　月　　日　　于

附录二

正念五学处

正念第一学处：尊重生命

由于体认到残害生命所带来的烦恼与痛苦，我发愿长养慈悲心，并且学习各种方法来保护人类、动物、矿物与植物。在生活中，我绝不起杀生的念头，也绝不杀生，不让别人杀生，更不附和世界上任何杀生的行为。

正念第二学处：慷慨布施

由于体认到剥削、偷盗、压迫与社会的不公正所带来的种种痛苦，我发愿长养慈悲心，学习各种可能的方式，以谋求人类、动物、植物与矿物的福祉。

我发愿修行布施法门，将时间、精力与财产奉献给需要我的众生。

我下定决心绝不偷盗，绝不占有应该属于别人的东西。

我尊重别人的财产，不过，也将阻止任何为了个人私利而将痛苦建立在别人身上，或加诸地球上其他物种的自私行为。

正念第三学处：负责任的性行为

由于体认到不正当的性行为所带来的烦恼与痛苦，我发愿培养责任心，学习各种方法来保护个人、配偶、家人、社会的安全与尊严。

我下定决心永不从事任何非出于爱与承诺的性行为。为了自己与他人的幸福，我决心要尊重自己所许下的承诺，并且尊重别人的承诺。

我会尽自己最大的努力，保护孩童免于性侵害，并且防止配偶与家庭因不当的性行为而破裂。

正念第四学处：谛听与说爱语

由于体认到烦恼与痛苦往往来自缺乏正念的言谈，以及未能倾听别人的心声，所以我发愿要学习说爱语与谛听，并希望能带给别人欢喜，解除他们心灵的痛苦。

我知道言语可以带来快乐，也能制造痛苦，所以发愿要学习如何诚实地说话，并希望我所说的话，可以激发别人的信心、喜悦与希望。

我绝不散播不确定的消息，也不谴责不确定的事。为了避免可能造成的分歧与纷争，或家庭、团体的破裂，我会重新调整自己的言语。

我会尽力调和与化解所有大大小小的纷争。

正念第五学处：正念地消费与饮食

我充分体认到，缺乏正念的消费行为与饮食习惯，会带给我们许多烦恼与痛苦。所以我发愿，为了保持身心健康，也为了自己、家人与社会，我要练习念念分明地消费与饮食。

我发愿只吸收那些有助于身心祥和、幸福与快乐的事物。同时，这些事物也能造福我的家人与社会。

我下定决心绝不喝酒，也不接触任何有毒的事物，例如不健康的电视节目、杂志、书籍、影片与对话等等。我知道当这些物质伤害到身心时，我也愧对祖先、父母、社会与未来的下一代。

为了自己与社会，我会努力养成适当的饮食习惯，去转化心中与社会所潜藏的暴力、恐惧与困惑，因为我已经明白适当的饮食习惯，对自己与社会的转化有多么重要。

附录三

深入观照与释放愤怒

你可能会发现，这个禅修练习对帮助你转化愤怒非常有效。你可以在心中静静地跟着练习来做，引导自己禅修，或请另一个人帮忙，把它念出来，然后跟着他所说的一步步地做。

“吸气，我知道我在吸气；吐气，我知道我在吐气。”我们从这句话慢慢地开始，然后接着说：“吸气，吐气。”记得，每次开始坐禅时，都应该先花几分钟，以念念分明的呼吸让心静下来。当说“吸气”时，就吸一口气；说“吐气”时，就吐一口气。静静地重复这两句话，伴随着呼吸，这样你才能真正地体验到禅修的精髓。记得不要只是机械式地重复这两句话，你应该深入地体会与感受它们。每次当你要开始练习禅修时，就先如此呼吸 8 ~ 10 次，而且在每次吸气、吐气时，都能念念分明地说出这两句话。

深入地观照你的愤怒

1. 我观想一个正在生气的人，吸气。	*生气的人
我看到他内心的痛苦，吐气。	*在受苦
2. 我观想愤怒带给自己与他人的伤害，吸气。	*愤怒伤害自己与他人
我看到愤怒燃烧、毁灭了我们的幸福，吐气。	*愤怒摧毁了幸福
3. 我看到身上那颗愤怒的种子，吸气。	*愤怒的种子就在我身上
我看到愤怒的根就埋藏在意识里，吐气。	*愤怒的根在意识层里
4. 我看到愤怒的根就在错误的认识与无知里，吸气。	*愤怒的根在错误的认识与无知里
我对自己错误的认识与无知微笑，吐气。	*微笑
5. 我看到生气的那个人正在受苦，吸气。	*生气的人在受苦
我对那个生气而受苦的人生起慈悲心，吐气。	*生起慈悲心

6. 我看到那个生气的人痛苦的处境与不快乐，吸气。	*生气的人很不快乐
我了解他不快乐的起因，吐气。	*了解不快乐的起因
7. 我看到自己怒火中烧，吸气。	*被怒火焚烧
我因自己被怒火焚烧而生起慈悲，吐气。	*对自己慈悲
8. 我知道愤怒让自己面目可憎，吸气。	*生气让我面目可憎
我知道是我让自己如此面目可憎，吐气。	*我让自己变得面目可憎
9. 我看到自己生气时，就像是间失火的房子，吸气。	*我是间失火的房子
我要照顾愤怒，我回到自己，吐气。	*我要好好照顾自己
10. 我观想自己去帮助那生气的人，吸气。	*帮助生气的人
我看到自己能帮助那生气的人，吐气。	*有能力这么做

释放你的愤怒，与父母和好

1. 我观想自己回到5岁时，吸气。 *5岁的自己
   我对这5岁的孩子微笑，吐气。 *微笑

2. 我看到这5岁的孩子是那么脆弱，吸气。 *脆弱的5岁孩子
   我充满爱意地对这孩子微笑，吐气。 *充满爱意地微笑

3. 我观想父亲变成一个5岁的孩子，吸气。 *我5岁的父亲
   我对5岁的父亲微笑，吐气。 *微笑

4. 我看到5岁的父亲是如此脆弱，吸气。 *脆弱的父亲
   我充满爱意地对他微笑，我谅解他，吐气。 *充满爱意地微笑与谅解

5. 我观想母亲变成一个5岁的孩子，吸气。 *我5岁的母亲
   我对5岁的母亲微笑，吐气。 *微笑

6. 我看到5岁的母亲是如此脆弱，吸气。 *脆弱的母亲
我充满爱意地对她微笑，并谅解她，吐气。 *充满爱意地微笑与谅解

7. 我看到父亲像孩子般在受苦，吸气。 *父亲，像孩子般在受苦
我看到母亲像孩子般在受苦，吐气。 *母亲，像孩子般在受苦

8. 我在心中看到父亲，吸气。 *父亲就在我心中
我对心中的父亲微笑，吐气。 *微笑

9. 我在心中看到母亲，吸气。 *母亲就在我心中
我对心中的母亲微笑，吐气。 *微笑

10. 我了解心中父亲所面临的困境，吸气。 *我心中父亲的困境
我决定要努力释放父亲与自己，吐气。 *释放父亲与自己

11. 我了解心中母亲所面临的困境，吸气。　　＊我心中母亲的困境

我决定要努力释放母亲与自己，吐气。　　＊释放母亲与自己

附录四

深度放松

这是个引导你与他人练习“深度放松”的范例。懂得让身体休息非常重要，当身体感到自在而放松时，心就能得到平静。练习“深度放松”，对于治疗身心是绝对必要的，所以请你经常花一点时间来做这个练习。虽然在此所写的方法，需要花 30 分钟才能完成，但是你可以调整其中的内容，让它更符合自己的需要。你可以把练习缩短成 5～10 分钟，这样每天起床后、就寝前或休息时，都可以练习，也可以加长或加深一点，最重要的是，好好享受它！

让自己很舒服地躺在地上或床上。闭上眼睛，四肢自然朝外，放在身体的两侧。

当呼吸时，感觉整个身体都躺在地上。去感觉全身都贴在地上或床上，包括脚后跟、后腿、臀部、背、手臂、手掌的后方与后脑勺。随着每次吐气，感觉身体愈来愈往下沉，慢慢地陷到地板里。这时，放下所有的紧张与担忧，什么都放下。

吸气时，感觉下腹部正在往上升；吐气时，感觉下腹部慢慢地往下降。就这样跟着呼吸，专注在腹部的起伏上。

现在，吸气时，开始把注意力转移到双脚；吐气时，让双脚完全地放松。吸气，把你的爱传送到双脚；吐气，对双脚微笑。在吸气、吐气之间，想想能拥有双脚是件多么幸福的事。因为拥有双脚，平时才能走路、奔跑、运动、跳舞、开车，还有做很多其他的事。将你的感谢传送给双脚，感谢它们总是在你最需要它们时，给你支持。

吸气，开始把注意力移到右腿与左腿上；吐气时，让双腿的所有细胞都慢慢放松。吸气，对双腿微笑；吐气，把你的爱传送到双腿，感谢双腿的强壮与健康。在吸气、吐气之间，把你的温柔与关怀传送给它们。让它们休息，慢慢地沉入地板中，把放在双腿上的所有压力完全放开。

吸气，慢慢地感觉双手；吐气，让双手的肌肉完全放松，把放在它们上面的压力全部放掉。吸气时，感受拥有这双手是多么美好的事；吐气时，把你的爱与微笑传送给它们。在呼吸之间，观想因为双手而能做多少事。你可以做饭、写书、开车、与别人牵手，可以抱小孩、洗澡、画画、玩乐器、打字，还能修理东西、拍拍小狗、握一杯茶，因为拥有双手，才能做这么多事。好好地享受拥有这双手的美好，让双手中的每个细胞都好好地休息。

吸气，开始感觉双臂；吐气，让双臂完全放松。吸气时，把你的爱传送到双臂；吐气时，对它们微笑。花点时间感受双臂的力量与健康，把你的感谢传送到双臂，感谢它们让你能拥抱别人、荡秋千、帮助别人，还能辛勤地工作——做家务、除草，以及很多其他的事。吸气、吐气，让双臂在地板上完全放松，好好地休息。每次吐气时，感觉你将手臂上的压力慢慢释放。当你以正念拥抱手臂时，感觉手臂的每个细胞都那么喜悦与自在。

吸气，把注意力转移到肩膀；吐气，让肩膀的压力完全地流入地板里。吸气时，把你的爱传送到肩膀上；吐气时，充满感激地对它们微笑。吸气、吐气，感受你是否把太多的压力放在肩膀上，使它们都积聚在那里。吐气时，让这些压力都离开肩膀，感觉肩膀愈来愈放松。把你的温柔与关怀传送到肩膀上，认识到你并不想让它们如此紧张，希望它们能放松而自在。

吸气，开始感觉心脏；吐气，让心脏休息。吸气时，把你的爱传送给心脏；吐气时，对它微笑。在吸气、吐气之间，感受能拥有一颗心脏在身体内跳动，是件多么美好的事。心脏让你能够活着，它每分每秒都陪伴着你，从未休息。它从你在母亲子宫里四个星期大时，就开始跳动了。这是多么伟大的器官，让你可以每天如此生活着。吸气，觉察心脏是多么爱你；吐气，承诺用能使它正常运作的方式生活。每次吐气时，让心脏愈来愈放松，让它的每个细胞都感到喜悦与自在。

吸气，慢慢地感觉肠胃；吐气，让肠胃开始休息。吸气时，把你的爱与感激传送给它们；吐气时，轻轻地对它们微笑。当吸气、吐气时，想想这些器官对你有多么重要，给它们一个休息的机会。因为它们每天都消化你所吃的食物，给你需要的能量与耐力，你需要花一些时间来觉察并感谢它们。吸气时，感觉肠胃正在放松，慢慢地释放压力；吐气时，好好地享受能拥有肠胃的美好事实。

吸气，把注意力放在眼睛上；吐气，让眼睛与周围的肌肉慢慢放松。吸气，对眼睛微笑；吐气，把你的爱传送给它们。让眼睛好好地休息。在呼吸之间，想想双眼是多么可贵。它们让你可以看到爱人的双眼、美丽的日落，让你能读书、写字，能自在地移动，能看到空中的飞鸟，还能看电影。因为双眼，你可以做这么多事。花一些时间感谢拥有视觉的幸福，让眼睛好好地休息。你可以轻轻将眉毛往上挑，让眼睛周围的压力慢慢地释放开来。

你可以继续以同样的方式放松身体的其他部位。

现在，如果身体有某个部位正感到疼痛，你可以花点时间感受它，把你的爱传送给它。吸气，让它好好地休息；吐气，继续用你的温柔与爱，对它微笑。试着想想身体还有其他坚强而健康的部位，让健康的部位把能量传送给脆弱、生病的部位。吸气，告诉自己有复原的能力；吐气，放下带给自己身体的所有担忧与恐惧。在呼吸之间，以你的爱与信心，对生病的那个部位微笑。

最后，吸气，感觉整个身体；吐气，享受身体的每个感觉，每个放松而平静的感觉。吸气时，对身体微笑；吐气时，把爱与慈悲传送到身体的每个部分，感觉身体的每个细胞正欢喜地微笑；感谢身体的每个细胞。然后，慢慢地把注意力放回腹部的起伏上。

如果你现在正在引导别人做这项练习，或已经可以自在地练习“深度放松”，你就可以开始唱几首轻松愉快的歌，或唱首柔和的摇篮曲。

最后，慢慢地张开眼睛，慢慢地起身，不要急，很平静地、轻柔地坐起来。试着将刚才所聚集的平静而充满正念的能量，一直维持到下次练习，让自己整天都能保有这样的能量。

生命书坊

Books of Life

生命是永不停止的学习、体验和关爱，书籍是人类思想文化精华的结晶，书坊是架起生命与书籍的桥梁。

我们的出版品，旨在让每一本书都和生命有关，让一切生命皆有提升的可能。

我们从传统文化中提炼出挽救现代人心的药方，致力于人的精神建设和心灵成长，回归自然、健康、富足、幸福的生活。

一行禅师经典作品集

心力

一行禅师 著

定价：30.00元

一行禅师从最常见的职场和家庭生活入手，探讨了我们内心力量的强大作用。他在书中详细讲解了来自内心的信念力、精进力、正念力、专注力和观照力等五大力量。只要培养和运用这些力量，就会使我们摆脱沉迷、恐惧、绝望、歧视、愤怒和无知的侵扰，获得当下自由、安详、快乐。

心的交会：佛陀与基督的生命教导

一行禅师 著

定价：28.00元

本书作者从两大宗教义理中，取出一组一组的相关宗教概念，并排铺陈它们的相应性，例如念力与圣灵、观照食物与领受圣餐、僧伽与修院、禅修与祷告、涅与天国、共生与三位一体等等，尝试析解东西两大宗教所蕴涵的相同性，进而说明两大宗教信仰实践与终极关怀是一致的。

活得安详

一行禅师 著

定价：22.00元

我们在生活中遇到的负面情绪，通常会削弱我们的心智，破坏我们的信心，还会增加我们的恐惧感。一行禅师在书中以诗一般的语言，精辟的比喻，指导我们如何转化和疏导负面的情绪——愤怒、恐惧、过上快乐、和谐、圆满的生活。他的哲学与禅思，以及深沉的智慧，将帮助我们由愤怒走向慈悲，将恐惧化为爱，以及调整好恼人的情绪，重修日常的人际关系，迈向幸福成功的大道。

佛陀之心：佛法的第一堂课

一行禅师 著

定价：32.00元

一行禅师以自身的禅修体悟以及深入浅出的笔法，将佛法浓缩成一篇篇贴近生活的禅修指导，对佛教的基本教义做了最生活化的阐释。当你拿起本书跟着做时，就像有一位老师在一旁谆谆善诱，亦步亦趋地指点你，让你每一步都能舒适安稳。

活得安详

一行禅师 著

定价：24.00元

一行禅师把修行从禅堂带到日常生活中来，练习在日常生活中洞察自己的思想和感受，使自己变得安宁快乐。

祈愿的力量

一行禅师　著

定价：22.00元

祈愿就像呼吸和行走一样自然，甚至还更简单。祈愿不单是我们所做的，也是我们本身。祈愿就是与心灵沟通与联结，同时回归自心的怀抱。

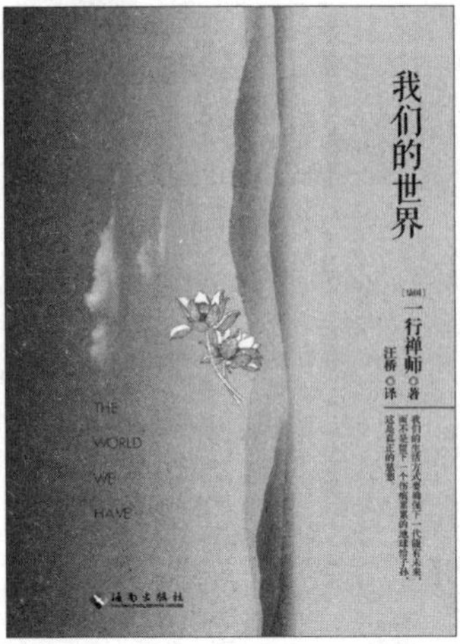

我们的世界

一行禅师 著

定价：26.00元

如果将人类从地球抽离会有什么后果？大自然需要多久才能消除人类留下的深刻印迹，恢复被破坏前的样貌，填补人类的生态位置，清理人类留下的毒素，以及抚平人类造成的伤痕？

一行禅师给了我们有力的提醒，能够生存，这本身就是一项恩赐和荣耀。

随处自在

一行禅师 著

定价：20.00元

本书是一行禅师特别为美国监狱的受刑人开示的智慧语录。禅师的智慧像喜马拉雅山一样，从不同的角度切入，每个人都会看到不同的景观。这本书很小，但启示很大。

与生命相约

如果您在读书坊里的书，有些心得和感受，希望作者们再继续指点迷津，可以和我们分享和交流；如果您遇到好书或好的作者，请第一时间和我们联系。我们期待与您相约，共同创造美好的心世界。

咨询电话：010-64828846-639
电子信箱：eric998@126.com
新浪网微博：生命书香 http://weibo.com/u/3088715783
百道网书坊专栏：www.bookdao.com/person/31438
联系人：柯祥河